KB126171

너의 꿈을 들려 줘!

10대들의 진로 찾기, 휴먼북 교육 여행

너의 꿈을 들려 줘!

초판 1쇄 인쇄 | 2019년 11월 01일
초판 1쇄 발행 | 2019년 11월 07일

지은이 | 탁영민
발행인 | 이진호

기획, 편집 | 강혜미, 권지연
디자인 | 트리니티
마케팅 및 경영지원 | 이진호

펴낸곳 | 도서출판 샘솟는기쁨
주소 | 서울시 충무로 3가 59-9 예림빌딩 402호
전화 | 대표 (02)517-2045
팩스 | (02)517-5125(주문)

이메일 | atfeel@hanmail.net
홈페이지 | www.vivi2.net
출판등록 | 2006년 7월 8일

ISBN 979-11-89303-21-1 (13370)

이 도서의 국립중앙도서관 출판예정도서목록(CIP)은
서지정보유통지원시스템 홈페이지(http://seoji.nl.go.kr)와
국가자료종합목록 구축시스템(http://kolis-net.nl.go.kr)에서
이용하실 수 있습니다. (CIP제어번호 : CIP2019041062)

10대들의 진로 찾기
휴먼북 교육 여행

너의 꿈을
들려 줘!

탁영민 지음

VIVI2

다음 세기를 리딩할
청소년을 위하여

'Globalization, Borderless global community'라는 말이 이제 낯설지 않은 때입니다. 존경하는 인물이 다국적 기업의 CEO가 되거나, 파라과이나 에스토니아 학생들이 K-pop에 매료되어 저희 글로벌 학생교류단체인 YFU를 통해 1년 간 혹은 한 학기 간 한국의 문화와 고등학교를 체험하기 위해 오는 시대입니다.

이러한 다양성의 물결 속에서 글로벌 교육 활동가 탁영민 대표의 이 책은 다음 세기를 리딩할 청소년들과 부모들에게 좋은 지침이 되리라 생각합니다.

'한 사람의 인생이 한 권의 책'이라는 모토를 가지고 본받을 만한 멘토를 발굴하고, 그 발자취를 따라가는 멘티들에게 좋은 길라잡이가 되길 바랍니다.

작은 나비의 날갯짓이 한달 후 대륙에 폭풍우를 불게 할 수도 있다는 나비 효과, 이제 이 이론에 비추어 미래를 꿈꾸는 청소년들에게 살아 있는 모델링을 제시함으로써 전 세계에 영향을 줄 수 있는 인재로 클 수 있다는 믿음을 줄 수 있습니다. 그러니 이 또한 이 책을 통해 많은 독자가 얻을 수 있는 유익이라고 생각하게 됩니다.

- 인성연, 한국YFU 국제학생교류협회 부회장

저자의 교육 철학에
감동합니다

오랜 시간 과학 교사로 아이들을 만나면서, 참으로 다양한 활동을 운영하였습니다. 저자와의 인연은 2012년 그해 겨울 방학을 앞둔 즈음 그가 준비하는 과학 뮤지컬의 구상을 제가 맡고 있던 중3 아이들과 함께 실행하면서부터였습니다. 이듬해 '휴먼 라이브러리'라는 참신한 교육적 발상의 실행도 그와 함께 처음 진행해 보았습니다.

그는 학교 교육에 다양한 아이디어와 자원을 통해 활력을 불어 넣어 주는 교육 활동가입니다. 이 책에는 다양한 교육 현장의 이야기는 물론 저자의 진솔한 가치관이 잘 담겨 있습니다. 또한 새로운 국제화 교육 프로그램에 대해서도 기대가 큽니다. 최근에는 '세계 시민 교육 네트워크'에 대해 많은 에너지를 쏟는 그의 도전이 신선해 보입니다.

학교의 교육 활동이 외부와 많이 연결되고 있습니다. 교사들의 교육적 전문성과 경험이 외부 다양한 전문가들과 만났을 때 아이들은 더 많은 성장 기회를 얻게 됩니다. 학교 안팎에서 두루 활동하는 저자를 오늘도 응원합니다.

- 위은미, 신화중학교 교사

이 책, 교육 현장에서 꼭 운영해 보고 싶다

진로 교육이란 '학생 스스로 자신의 잠재력을 찾고 그것을 발전시켜 나가는 장을 마련해 주는 일'이라 생각한다. 이런 면에서 학생의 눈높이와 글로벌한 시대 흐름에 맞춰 그들의 성장을 돕는 다양한 진로 프로그램을 제시하는 탁영민 대표의 책을 진로 교육 현장에서 만나니 참 반갑다. 열정적이고 세심한 진로 프로그램의 기획력이 인상적이고 특히 '글로벌 휴먼북 양성 프로그램'과 '메가 게임 ALLIANCE 프로그램'은 학교에서 꼭 한 번 운영해 보고 싶다.
　　　　　　　　　　　　　　　- 허경, 부산 센텀중학교 교사, 진로진학상담부장

선생님보다 더 선생님 같은 저자

사범대생 시절, 선생님보다 더 선생님 같은 저자를 만났다. 학생들의 꿈을 키울 수 있는 진로 프로그램에 대해 누구보다 고민을 많이 하고, 여러 학교 현장과 협업하는 모습을 보면서, 나 또한 교사로서 어떤 사람이 되고 싶은지 고민할 수 있었다.

학생들의 꿈을 위한 교육의 깊은 본질부터 프로그램 운영에 있어서의 세세한 사항까지 함께 경험할 수 있었고, 내가 교사가 될 때까지 계속 자신의 활동을 발전시켜 나가는 저자의 모습을 볼 수 있었다. 교사가 된 이후에 학생들의 꿈에 대해 고민했다. 그들을 위해 실천적으로 움직인다는 것이 어렵다는 것을 제대로 체감하고 있는 와중에, 그의 책이 나온다니 기대가 되었다. 예상한 대로, 선생님보다 더 선생님 같은 그의 책이었다.　　　　- 황순찬, 이화여자고등학교 교사

교사로서 초심을 돌아보게 하는 자극제

어느 날 교육청 진로 교육 연수를 듣다가 저자와 함께 진행했던 휴먼북 프로그램이 자유학기제의 좋은 사례로 제시되었음을 알게 되었다. 프로그램을 진행할 때 가득했던 열정과 진로 교육에 대한 호기심을 다시금 느낄 수 있었다. 그리고 이 책에 담긴 저자의 진로 교육에 대한 고민, 열정, 비전은 진로 교육을 고민하는 교육 현장의 교사로서 초심을 회복하는 자극제가 되었다.

이 책에 소개된 다양한 아이디어와 사례들을 통해 아이들이 자신의 꿈을 따라 행복한 삶을 사는 학교를 만들어 가는데 많은 아이디어를 얻을 수 있을 것이다. 교사와 학부모에게 추천한다.　　　　　　　　　－ 채수빈, 서울 남천초등학교 교사

학교 안팎을 아우르는 교육 활동 보고서

이 책이 생동감 있고 의미 있게 다가오는 이유는 그저 이론이나 생각의 나열이 아닌, 직접 교육 현장으로 뛰어들어 다양한 계층의 '휴먼'들을 만나며 소통했기 때문이다. 일찍부터 '자기 이해'와 '자기 발견'을 한 아이들은 커 가면서 더 많은 일에 도전하고 더 큰 성장을 이룬다. 그 시작은 교육 활동을 통한 학교 안팎의 경험이다. '한 사람은 한 권의 책이다'라는 명제를 통해 그 경험과 그로 인한 아이들의 성장을 이끌면서 증명해 낸 탁영민 대표의 '휴먼북' 교육 스토리를 진심으로 응원한다!　　　　　　　－ 이신혜, 인천 마장초등학교 교사

이 책을 읽는 동안 저자의 통찰이 궁금했다

지금 학생들을 교육하고 있는 교사들보다 더 예리하게 교육의 현실을 꿰뚫는 저자의 통찰력은 어디서 나오는 것일지 책을 읽는 동안 궁금했다. '세계 시민 교육' 연수를 받으면서 미래를 살아갈 우리 아이들에게 꼭 필요한 교육이라고 느낀다. 이 책에서 제시한 '글로벌 휴먼북 양성 프로젝트'가 좋은 교육 활동의 모델이 되어 우리 청소년들이 세계의 인재로 성장하기를 기대한다.

- 윤성희, 천안 삼은초등학교 교사

감사한 마음으로 기쁘게 추천합니다

지난 1월 여행 후, 여행이 아들에게 어떤 영향을 미쳤을까 궁금했다.

"많이 걸었다, 재미있었다, 편의점이 좋았다, 그들의 장인 정신이 대단했다. 이상 끝!"

중학생 2학년 남자아이의 대답은 심플 그 자체였다. 대답은 짧지만 여행의 기억과 감동은 아이의 꿈을 구체화시키는 좋은 계기가 되었다. 여행에서 배운 '장인 정신'이 시작이었다. 자신의 미래 직업에 대해 생각해 보는 일이 부쩍 많아졌고, 오늘도 꿈에 대한 아들과의 대화는 진행 중이다.

전문가들을 통해 듣고 배우며 잠재된 생각을 끌어낼 수 있는 기회는 아이들을 성장시키는 데 충분한 밑거름이 되었다. 그런 환경을 만들어 준 저자의 가치관, 교육 활동과 사례들이 잘 드러나 있기에 감사한 마음으로 이 책을 기쁘게 추천한다.

- 이순주, 봉영여자중학교 교사, 참여자 어머니

세계적인 인재를 위한
진로 교육 현장 이야기

우리의 국제 관계 현실은 어느 것 하나 간단하지 않다. 한국의 지정학적 위치가 변할 수 없기에, 주변국을 잘 이해하고 협력하고 공존하면서 발전해야 한다.

이 책은 빠르게 변화하는 세상에서, 학교 안팎의 진로 교육 현장 이야기들을 담아냈다. 국제 사회에서 한국의 위상을 드높일 세계적인 인재들을 길러내는 방법을 전하고 싶었다. 학교 선생님과 학부모님께 도움이 되었으면 한다.

진로 교육 현장, 휴먼북들을 통한 배움의 가치와 실제 학교에서 진행되었던 교육 사례, 진로 교육 여행을 소개한 이 책은 여행을 가능하게 도와준 휴먼북들과 여행을 통해 실제 성장한 스토리, '글로벌 휴먼북 프로젝트'가 만들어진 과정과 함께 세계 각국의 리더로서 롤플레이하며 세계 시민으로 성장하게 하는 교육용 보드게임 ALLIANCE에 대한 이야기이다.

'인생은 사연 값'이다. 이 책의 휴먼북은 어떤 값으로도 매길 수 없을 만큼 최고치이다. 그들과 함께한 교육과 성과는 청소년의 성장에 큰 도움을 주었다. 이 책을 통해 진로 교육 현장에 신선한 바람이 불어 세계적인 리더로 성장하는 청소년들이 많아지길 희망한다.

부족한 원고를 책답게 만들어주신 강영란 대표님과 편집팀원들께 감사드린다. 자기 글처럼 읽고 피드백해 준 동생들에게도 고마움을 전한다. 또 늘 묵묵히 기다려주고 응원하시는 부모님과 가족, 온전한 생각으로 항상 이끌어 주시며 지금의 나를 존재케 하신 그분께 깊은 감사와 사랑을 드린다.

추천사 04
저자의 말 09
프롤로그 12

차
례

PART 1 꿈꾸고, 배우고, 떠나고

01. 크리에이티브 파트너십 21

나를 공부하자, 자유학기제 / 내 꿈과 끼가 뭔지 몰라요 / 주제 선택 프로그램의 다각화

02. 세상을 읽는 창구, 여행 31

10대, 나는 누구인가? / 또래 멘토가 필요한 이유 / 모차르트가 50대에 여행을 시작했다면

03. 휴먼북은 새로운 패러다임 40

계획된 우연을 연출하자 / 휴먼북이 왜 진로 교육인가?

PART 2 한 사람은 한 권의 책이다

04. 휴먼 라이브러리 47

사람책을 만나자 / 휴먼 라이브러리는 진로 교육 나침반

05. 컴퍼스 성과 사례 58

멘티 예진이의 변화 포인트 / 대학생 멘토, 채수빈 / 교육은 연결, 외국인 휴먼북 만나기

06. 스토리텔링을 하자 76

교육의 기반, 스토리텔링 / 자기 발견과 자기 이해

PART 3 '나'를 깨닫고 발견하기

07. 진로 교육 여행이란? 83

창의 융합형 인재 교육 / 새로운 곳에서 나를 발견하기

08. 여행은 자극의 기회 92

살아 있는 정보, 휴먼북 / 자극해야 성장한다구요?

09. 더 나은 여행을 위하여 98

다양한 기회가 주는 깨우침 / 여행의 목적지를 연구하라

PART 4 　사람을 배우는 휴먼북 여행

10. 선한 영향력을 만나다 107
휴먼북을 만드는 여행 / 현지인 다이스케와 다이키 / 짱구 동네 의사, 토다

11. 일본 동경 여행 다이어리 126
첫째 날_ 마이크로버스 타고 동경 씨티 투어 / 둘째 날_ 디즈니랜드 / 셋째 날_ 감사가
넘치는 식당 / 넷째 날_ 생동감 있는 교류 / 다섯째 날_ 동경대학교 / 1석 2조 여행_ 최영빈
휴먼북 / 동경 리포터_ 문준영 휴먼북

12. 내가 휴먼북 되기 163
여행 후 변화에 대하여 / 동경 휴먼북들의 공통점 세 가지 / 미국 YFU 프로그램에
참가하다 / 덴마크 YFU 프로그램에 참가하다

13. 휴먼북과 책 쓰기 185
독서, 여행, 글쓰기 삼박자 / 내가 책이 되는 일 / 저 한 번 읽어 보실래요?

PART 5 　나는 캡틴, 캡틴 코리아!

14. 글로벌 휴먼북 프로젝트 199
한 명의 인재를 양성하기 위하여 / 교육을 통한 캡틴 코리아

15. 메가 게임은 글로벌하다 204
외교 시뮬레이션 게임, ALLIANCE / ALLIANCE 디자이너, 션 / 보드게임이 수업이다 / 더
알아 보자, ALLIANCE / 아이들의 변화를 이끌어내다

16. 세계 시민 교육 221
메가 게임 ALLIANCE는 어떤 경험? / 세계적인 시민이 되려면?

17. 세계적인 휴먼북 마인드 229
국제 사회에 대한 포용력 / 글로벌 감각 갖추기 / 세계인의 리더를 위하여 / 세계 시민
교과서와의 접점 / 세계 속의 나, 쓰는 대로 이루어진다

에필로그 244
참고 도서 246

휴먼북,
지속가능한 선순환 교육 활동

서로 이해와 소통을 중시하는 사회에 자주 등장하는 개념이 있다. 바로 '휴먼북(Humanbook)'이다. 휴먼북은 '사람책'을 뜻한다. 도서관에서 책을 빌리는 장면을 떠올리면 이해하기 쉬울 것이다. 휴먼북을 모은 '휴먼 라이브러리'에서 '휴먼북'을 대출하여 나보다 앞서 경험치를 쌓은 사람을 통해 지식과 정보를 나누며 소통한다.

휴먼북은 그 분야 최고 전문가만 가능한 건 아니다. 각자 노하우를 나누고, 자신만의 스토리를 전해도 된다. 전문 사진가는 아니어도, 나만의 시선으로 바라본 세상을 기록한 아마추어도 얼마든지 자신의 스토리를 전하는 휴먼북이 될 수 있다. 휴먼북을 대출하는 사람은 언젠가는 자신의 경험을 기부하는 스토리텔러가 될 수 있다. 이것이 바로 휴먼북이 가진 지속가능하고 발전적인 선순환 구조이다.

누구나 자기 인생살이에 대해 할 말이 있다. 밤새워 들려줄 이야기가 있으리라. 이런 생각을 적용하면 사람은 곧 한 권의 책이다. 책으로 담아낸다면 모두 볼 만한 책이 될 수 있다. 청소년의 올바른 진로 교육의 방향성을 내가 만난 사람책(휴먼북)들의 이야기를 통해 전하고자 한다. 내 기억의 도서관에 좋은 추억으로 남은 조각들. 사람을 만나서, 배우고, 함께한 일들 그리고 그것이 교육 활동에 녹아 청소년의 성장에 도움이 되었다. 모두 가르치는 직업이 아니었으나 그들과의 만남에는 무척이나 많은 교육이 담겨 있었다. '배울 것이 없는 사람은 이 세상에 단 한 명도 없다'는 것을 만남이 이루어질 때마다 확인하곤 했다.

청소년들은 각자 개성으로 똘똘 뭉쳐 있어 미래의 모습이 어떨지 궁금하다. 시간이 지나면서 성장하고 발전하는 청소년들을 관찰하는 일은 늘 신선하다. 어떤 책이 될까? 과수원 주인이 과일이 익을 때까지 땀흘리며 애를 쓰듯, 청소년이 각자의 열매를 맺을 때까지 누군가는 그들과 함께 땀을 흘려야 한다. 이 책은 청소년들을 위해 기꺼이 땀을 흘리겠노라 다짐하고 그 길을 걷는 분들께 분명 도움이 될 것이라 확신한다.

나의 교육 이야기

대학원에서 '러시아 자원 외교' 공부를 마치고, 새롭게 인생의 방향을 조정했다. 사회를 변화시키고 싶었던 20대 청년 시절, '사람과 사회의 진정한 변화는 정치가 아닌 교육으로 이뤄진다'는 생각으로 교육 관련 일을 시작하였다. 그 후 사회적 기업을 운영할 때 역시 교육과 사회 활동을 통한 청소년들의 변화와 성장에 큰 관심을 가졌다. 청소년들과 더 많은 활동을 하고 싶었다.

결국 예술 교육을 기반으로, 그 당시 교류하던 카이스트 학생들과 함께 과학/예술 융합 교육인 스팀(STEAM)교육을 기반으로 진로 교육 회사 〈스팀즈〉를 창업하였다. 초기에 정부 투자를 받으며 과학과 예술을 융합한 과학 뮤지컬을 진행하는 등 다양한 교육 활동을 했다.

그 후 학교의 진로진학상담 선생님들과 함께 수업을 진행하면서 '자기 이해와 개발' 진로 교육 분야에 중점을 두었다. 자연스럽게 '자유학기제'에 관심을 가지게 되었고, 몇몇 학교 선생님들과의 인연을 통해 '자유학기제 교사 연구회'에 참여할 기회도 얻었다. 중·고등학교 시절 정말 하고 싶은 일이 무엇인지 많은 고민과 방황을 했던 터여서 자유학기제에 대한 관심은 컸다. 이 정책이 한국 교육계에 잘 정착되었으면 하는 바람이 간절했다. 그래서 더욱 집중해 연구했고, 다양한 교육 프로그램을 운영하게 되었다.

당시 아이들과 함께한 다양한 활동과 중학교 진로 교사들을 통한 배움은 인사이트를 주기에 충분했다. 좋은 대학을 가도 정작 자기가 하고 싶은 일을 찾지 못해 방황하는 이들이 얼마나 많은가? 남다른 열정과 의욕을 가진 진로 교사들을 만나며 이 분들만 있다면 진로 문제로 방황하는 청소년이 줄어들 거라는 희망을 보았다.

하지만 시작 단계여서 학교의 현실은 기대와는 다르게 많은 한계가 있었다. 한 학교당 진로 교사 한 명이 학교의 전체 진로 프로그램을 담당하는 것은 물론, 자유학기제가 적용되는 1학년의 다양한 진로 프로그램 운영까지 도와 진행하기도 했다. 열정만큼 따라 주지 않는 체력에 늘 감기를 달고 사는 선생님도 보았다. "일반 교과 가르칠 때가 좀 더 쉬운 거 같아요"라며 웃음 짓던 선생님의 모습에 이상하게 죄송한 마음이 들었다. 내가 할 수 있는 일이 무엇인지에 대해 많은 생각을 하게 되었다. '한 명의 선생님에게 과부하가 걸리면 한 학교 학생 전체의 진로 활동에 빨간불이 켜질 수 있겠구나'하는 생각에 꼭 도와야 한다는 일종의 사명감이 생겼다.

휴먼 라이브러리 〈컴퍼스〉

운명적인 만남은 존재했다. '휴먼 라이브러리'와의 만남이 그랬다. 대학생들의 사회 참여 활동을 다양하게 운영하고 있어서 주변에 인재들이 많았다. '대학생 인재들이 10대 진로 교육 활동에 큰 힘이 되지 않을까?'라고 고민하던 차에 기사 취재 차 '노원구 휴먼 라이브러리'를 방문하여 그곳 관장님을 인터뷰하면서 휴먼 라이브러리에 대해 알게 되었다. 인터뷰 내내 학교에서 해 보면 어떨까 싶었다. 노원구는 주민들이 중심이 되는 휴먼북 활동을 장려하고 있었는데, 이 프로그램을 학교로 가져간다면 대학생 인재들과 함께 학교 진로 교육에 도움을 주는 활동이 가능할 것 같았다.

진로 전문가이신 선생님들을 통한 다양한 진로 교육과 활동은 꼭 필요하다. 하지만 그들의 대학 시절 이야기는 오래 전 일들이라 멀게 느껴진다. 중·고등학생에게 또래 멘토인 대학생들의 이야기가 훨씬 더 공감대 형성은 쉬울 것이다. 반신반의하며 찾아간 학교들마다 대학생 멘토의 젊은 에너지에 학생들의 반응이 뜨거웠다. 학업에 대한 동기부여, 대학에 대한 구체적인 방향 설정, 학과에 대한 관심 등 좋은 반응에 선생님들도 고마워하셨다. 각종 학과의 대학생들 이야기는 이례적이었고, 선생님들이 들려주지 못하는 얘기였던 것이다. 그렇게 3년 동안 참여한 대학생들만 해도 육백여 명이었고, 아이들이 만나지 못한 전공학과가 없을 정도였다. 그 이후 외국인 유학생들도 참여하면서 또 다른 즐거움과 배움의 기회가 제공되었다.

'한 사람은 한 권의 책이다'라는 명제를 바탕으로 모든 사람의 이야기에 가치를 부여하는 휴먼북(사람책) 멘토링 진로 강연 프로그램은 그때부터 시작해서 6년이 지난 지금껏 학교 현장에서 이어지고 있다. 여러 진로 프로그램들도 진행했지만, 휴먼북 활동이 모든 프로그램의 기본이 되었다.

휴먼북 교육 여행

외국인 유학생 휴먼북들과의 만남은 소중한 아이디어를 제공했다. 학교에서의 강연은 한 번뿐인 일회성으로 끝내기에는 아쉬움이 컸다. 조금 더 시간을 함께하면서 아이들이 한 단계 더 성장할 수 있는 방법을 마련하고자 고민을 거듭했다. 그러다가 '여행'을 같이 간다면 풍성한 나눔이 가능하겠다는 기대로 시작한 프로그램이 '휴먼북 교육 여행'

이다.

앞서 언급한 바와 같이 사람은 누구나 각자 스토리가 있다. 또 누구나 자기 주변에 아이들에게 소개할 만한 좋은 사람들이 있기 마련이다. 각자 추억이 담긴 여행지도 있을 것이다.

이 세 가지 자원을 활용하면 휴먼북 교육 여행이 될 수 있다. 스토리 있는 휴먼북이 가이드 하고, 그의 지인들 중 아이들의 진로에 도움을 주는 휴먼북들을 소개받아 이야기를 들으며 여행하는 콘셉트. 여행에 참여한 아이들이 돌아와서 그들 역시 휴먼북이 되도록 교육을 이어나가는 '휴먼북 교육 여행'이 시작되었다.

여행의 추억과 그곳에서 만난 사람들의 이야기는 성장 기록의 좋은 소재가 되었다. 거기에 자신의 이야기가 더해졌다. 글쓰기를 만나 진로 교육 여행이 더욱 발전하게 된 것이다.

글로벌 휴먼북 양성 프로젝트

사람들과의 만남은 내가 하지 못하는 다양한 교육을 가능하게 했다. 사람과 사람의 연결이 그들의 다양한 재능을 통해 새로운 교육으로 이어졌다. '글로벌 휴먼북 양성 프로젝트'를 기획한 것도 학교에서 외국인 휴먼북의 소개로 만난 인연 덕분이었다. 전문 일러스트레이터이자 고등학교 교사로도 활동한 션. 그의 또 다른 직업은 보드게임 디자이너이다. 그가 개발한 국제 정치 메가 게임 ALLIANCE를 토대로 16주차 자유학기제 주제 선택 프로그램을 기획했다.

각 개별 국가들에 대한 관심과 이해를 통해 국제 사회를 배우고, 세계 시민으로 자신의 위치를 알고 세계적인 리더로 성장할 수 있도록 수업을 구성했다. 미국 고등학교 교사 시절에 개발한 대규모 보드게임인 '메가 게임 ALLIANCE'를 통해 아이들은 세계 각국의 지도자가 되어 게임에 참여하면서, 쉽고 재미있게 세계를 배워 나갈 수 있다.

사람에 대한 관심에 교육이 더해지니 다양한 성장 프로그램들을 만들고 운영할 수 있었다. 학교 안팎에서 진행된 교육과 활동을 통해 청소년들이 성장한 구체적인 이야기를 시작하고자 한다.

PART 1

크리에이티브 파트너십

세상을 읽는 창구, 여행

휴먼북은 새로운 패러다임

꿈꾸고,
배우고,
떠나고

크리에이티브 파트너십

{ 나를 공부하자, 자유학기제 }

"도대체 왜 절 무대에 세우십니까? 그만큼 분칠하고 포장해서 무대에 세워놓고 박수 받으셨으면 되셨잖아요? 제가 누군지, 무엇을 좋아하는지 모르고 오십이 되었습니다."

"어머니가 원해서 학력고사에서 전국 1등도 했고, 의사가 되라고 해서 의대 갔고, 병원장 되라고 해서… 그까짓 병원장이 뭐라고."

"신이 자식을 준 이유가 뭔지 아십니까? 네 마음대로 안 되는 게 있다는 것을 느껴 보라는 겁니다."

이것은 한동안 높은 시청률과 엄청난 화제성을 자랑했던 드라마 〈SKY 캐슬〉의 대사들이다. 이 드라마의 파급 효과가 그리 컸던 것은 한국 사회에 만연한 교육 풍토, 그 부조리의 민낯을 적나라하게 드러

내면서 드라마 캐릭터들에게 공감했기 때문일 것이다. 부모 마음대로 할 수 있는 자식이 있을까? 자녀 교육에 부모의 욕망이 더해질수록 아이들의 미래는 어두울 수밖에 없다. 드라마가 우리의 슬픈 현실을 그대로 반영한 셈이다.

"나를 공부하자"
자유학기제

자유학기제는 나를 공부하며 진정한 나를 찾아가게 도와준다.

자유학기제는 이러한 현실에 작은 변화를 가져오고 있다. 한 학기 동안 시험에서 자유로워진 중학생들은 다양한 진로 탐색 활동에 참여하며 각자가 가진 잠재력과 흥미가 무엇인지를 찾게 된다.

자유학기제 도입 초기 내가 디렉팅한 것은 '대학생 멘토들과 함께하는 진로 활동'이었다. 교대와 사범대생 멘토들과 함께 중학교 한 곳에서 과학 진로 동아리를 시범 운영하였다. 또래 멘토들과의 공감대가 잘 이루어졌던 활동이었다. 그 이후로 많은 대학생과 학교로 찾아가는 진로 교육 활동을 다방면으로 진행했다.

변화하는 진로 교육 환경에서 학교는 학교 밖의 자원들과 다양하게 소통하고 있다. 각종 분야의 전문인들이 학교로 찾아와서 직업 전문인 특강을 하고, 학생들은 학교 밖의 다양한 체험 현장을 방문한다. 열린 진로 교육 환경이 아이들의 변화에도 큰 영향을 주고 있다.

{ 내 꿈과 끼가 뭔지 몰라요 }

청소년들의 희망 직업 상위 순위에 매번 연예인과 스포츠 스타가 있다. 청소년에게 그들은 화려한 환상을 준다. 전설적인 가수들이 공연한다는 꿈의 무대인 영국 웸블리 스타디움을 팬으로 가득 채운 방탄소년단의 힘, 영국 프리미어 리그 토트넘의 우승 주역으로 최고 몸값을 자랑하는 손흥민 선수, 한국 영화 100년사에 길이 남을 칸 영화제 황금종려상을 수상한 봉준호 감독. 그들은 자신이 꿈꾼 최고의 자리에 올랐다.

그들이 성공하기까지 숱한 고뇌와 훈련, 갈등이 혼재했겠지만, 비교적 누구보다 빨리 자신이 좋아하고 잘할 수 있는 재능을 발견하고 그길로 매진했기에 최고의 능력을 발휘했을 것이다. 그러나 스타 탄생은 흔하지 않다. 그들의 화려한 성공은 일반적인 현실과는 차이가 크다.

2015년 취업포털 파인드잡이 직장인 528명을 대상으로 '전직 의향'에 대한 설문 조사를 했다. 이 가운데 직장인 75.2%가 '전직 의향이 있다'라고 답변했다. 그렇다면 그들은 어떤 직종으로 전직하고 싶을까? 43.5%가 '원래 관심 있던 직종'으로 전직을 하고 싶다고 답변했다. 왜 즐겁게 일할 수 있는 관심 분야를 찾지 못했을까? 왜 자신의 분야에서 일하면서 만족하지 못하는 걸까? 아마도 자신이 좋아하고 잘하는 것이 무엇인지 몰랐던 까닭은 아닐까?

세상이 변하는 만큼 필요한 인재상도 달라진다. 4차 산업 혁명 시대는 다양성과 창조력이 요구되고, 서로 다른 분야를 아우르는 융복합적 사고력이 필요하다. 새로운 상상력은 구현 범위에 따라 다양하게 나타나게 될 것이다.

그동안 청소년 교육 현장은 청소년의 행복 지수와는 무관했다. 그저 학업 성취도를 기준으로 아이들의 수준을 평가했기 때문이다. 하지만 이제 주입식, 암기식 교육은 아이들의 학업 흥미도는 물론 행복 지수를 현저히 떨어뜨리는 산물이므로 변화가 시급하다. 또한 꿈을 가질 수 있는 교육 환경이 필요하다. 그런 의미에서 자유학기제는 시대적 요청에 따라 아이들의 눈높이에 맞춘 교육 정책이다.

중·고등학교에서 학생들을 만나다 보면 장래 희망이 없다는 학생들을 많이 보게 된다. 그 이유를 물어보면 장래 희망을 아직 찾지 못해서라거나 무엇을 잘할 수 있는지 몰라서, 혹은 어떤 일을 좋아하는지 몰라서라고 대답한다. 이는 스스로에 대한 탐구와 고민, 장래 희망을 찾을 기회를 제공함에 있어서 우리 교육이 아직도 부족하다는 것을 여실히 보여준다.

이런 환경 탓에 학업 성적만을 위해 공부하고, 성적에 맞춰 대학에 가는 경우가 허다하다. 결국 이들은 대학에 입학한 후 전공을 변경하거나 휴학을 하고 다시 진로를 찾는 경우가 많다. 그리고 직업을 구하고도 자신의 적성과 흥미에 맞지 않아 전직하는 경우도 빈번하다. 이

것이 꿈과 끼를 찾아 자신을 발견하는 교육이 필요한 이유다.

　나 역시 더 잘할 수 있는 일이 무엇인지에 대한 고민을 많이 했다. 대학원에서 '러시아 자원에 대한 한국, 중국, 일본의 에너지 외교'에 관해 연구하며, 자원 빈국인 한국이 외교적으로 에너지 문제를 어떻게 해결해야 할지에 대해 공부했다.

　물론 이 분야도 흥미로웠지만 내게 더 큰 관심 분야는 따로 있었다. 학부 시절부터 교육 봉사 활동에 종종 참여하곤 했는데, 교육 봉사를 하면 할수록 교육에 대한 비전은 더 커져만 갔다. 더욱이 아이들이 꿈을 향해 나아가는 것을 볼 때 벅차올라 뛰는 가슴을 막을 길이 없었다. 결국 전공 관련으로의 박사 진학을 포기하고, 더 하고 싶은 분야로 진로를 결정하면서 교육 회사에 입사했다.

　국제 관계를 공부하던 내가 청소년 교육 관련 일을 하겠다고 했을 때 주변에서는 다들 말리는 분위기였다. 그때야말로 나에게 있어 흥미, 적성을 위해 선택해야만 하는 시기였다. 정치를 통한 사회적인 변화도 이상적이고 좋지만, 나에게 교육은 진정성 있고, 보다 근본적인 변화를 가져다준다는 확신에 훨씬 더 매력적으로 다가왔다. 사회 과학에서 배운 사회 문제 해결에 대한 지식을 교육과 관련된 방법으로 풀어내고자 노력했다.

　그러다 오랫동안 국가 기관에서 연구원으로 근무하던 선배와 덜컥

큰일에 도전했다. 바로 사회적 기업을 만든 것이다. 사회적 기업을 통해 관심을 두고 해결하고 싶었던 문제는 '청소년들의 사회적 참여 활동'이었다. 공부 외에 다른 경험이 부족한 학생들은 대학에 진학해서도 자신의 흥미, 적성을 발견하지 못한 채 길을 잃고 방황하고 있었다. 열정 가득한 젊은 청춘들의 시간이 너무나 안타깝게 흘러갔다. 누구 하나 이끌어 주는 사람이 없었고, 더 이상 반복되지 않기를 바라는 마음에 나는 더욱 적극적으로 그들을 위한 다양한 활동을 마련하고 참여를 이끌어 냈다.

운 좋게도 그 당시 문화 예술 교육 활성화를 위해 문화관광부에서 시행되었던 '토요문화학교' 운영자로 선정되었다. 문화 예술 분야의 젊은 대학생 인재들과 함께 1년 동안 다양한 문화 예술 교육 활동을 진행하였다. 지역의 마을과 아이들을 이어주는 예술 활동 프로그램은 강사로 참여한 대학생들의 성장에도 큰 기여를 했다.

이 밖에 농어촌공사와 함께했던 '재능 기부 사업'으로 충청권 지역 농촌 마을로 대학생들과 부지런히 들락거렸다. '농촌 예술 벽화 여행 프로젝트'는 농촌에 더없는 활력을 주었고, 대학생들에게는 농촌에서의 잊을 수 없는 추억을 선물했다. 이 프로젝트는 우수 재능 기부 사례로 선정되어 3년 동안 계속되었다. 과학 수업 콘텐츠를 만드는 카이스트 대학생들과는 지역 아동들을 위한 과학 예술 캠프를 운영하였다.

이처럼 대학생들과 다양한 활동을 하면서 그들의 성장을 보는 한편 그들의 고민도 듣게 되었다. 그때 생각했다. '다양한 활동을 스스로 경험하며 자신에 대해 더욱 이해하고, 각자가 더 잘할 수 있는 일들을 찾게 된다면 좋을 텐데. 이런 활동을 조금 더 빨리 시작할 수는 없을까?' 그 이후 중·고등학교로 눈길을 돌리게 되었는데, 이런 흐름은 어찌 보면 당연한 일이었다.

{ 주제 선택 프로그램의 다각화 }

'사람은 늙어 죽도록 배운다'는 속담이 있다. 요즘 같은 평생 학습 시대에 적합한 말이다. 세상은 넓고 새로운 것이 많으니 그 배움에도 끝이 없다. 이런 배움이 늘 재미있고, 즐거울 수만 있다면 얼마나 좋을까? 배움을 생각하면 우리는 '학교'를 떠올린다.

학교(school)는 그리스어로 여가, 오락, 놀이, 여유를 뜻하는 'skholé'에서 유래되었다. 고대 그리스에서는 시간과 경제적 여유가 있던 계층들이 여가 시간에 강의, 토론, 논쟁을 즐겼다. 이는 여유를 가지고, 놀이처럼 즐겼다는 것을 의미한다.

그러나 입시, 취업만을 위한 배움에서는 재미를 느끼기 어렵다. 배움이라는 것이 지독한 노동이 되는 것은 참으로 불행하다. 대학 진학만을 목표로 공부만 강요하는 학교는 절대 놀이를 하듯 재있는 곳은 아니다. 이런 현실에서 배움 그 자체가 즐겁다고 느껴지는 순간이 많지는 않다.

하지만 원래 배움은 즐거움 그 자체다. 인간은 자신과 주변에 대한 지적 호기심을 가지고 태어나고 성장하면서 문자와 언어를 통해 하나씩 배워 나간다. 그 과정에서 지식과 지혜가 쌓여간다. 지혜는 삶 속에서 일어나는 다양한 위기를 극복하고 자신을 계속해서 발전시킨다.

배움에 대한 끊임없는 인간의 호기심으로 사회는 발전해 왔다. 우리에게도 배움의 공간인 학교가 여유, 놀이, 오락, 여가를 뜻하는 그리스어의 어원처럼 느껴질 수는 없을까? 나는 조심스럽게 자유학기제가 변화시키고 있는 학교라면 가능하지 않을까 하는 희망을 가져본다.

교육부가 제시한 '자유학기 활동'은 크게 진로 탐색 활동, 주제 선택 활동, 예술·체육 활동, 동아리 활동을 포함한다. 각 학교의 상황과 특성 및 학생들의 관심, 수요 등에 따라 자율적으로 시간을 배분하여 구성한다.

이 중 주제 선택 활동의 목적은 학생들이 자신의 꿈과 끼를 교과와 연계하여 진로를 탐색하고, 스스로 자신의 진로를 선택할 수 있도록 하는 데 있다. 이를 위해 학생들에게 흥미와 적성 등을 파악할 수 있는 탐색 기회도 제공된다. 학교별로 학생들의 관심 분야, 선호 프로그램, 만족도 등을 주기적으로 조사하여 그들이 원하는 프로그램을 발굴하고 개설한다.

자유학기제에 관심을 가지고 진로 교육 활동을 진행하면서 학생들이 흥미와 관심이 있더라도 학교에서 채워 주지 못하는 분야가 있음을 보게 되었다. 그들의 진로 개발에 도움을 주기 위해 학교 현장을 더 깊이 바라보니 세계화된 현실 속에서 이와 연계된 프로그램이 부족해 보였다. 주제 선택 프로그램의 다각화가 필요하다는 생각을 했다.

영국에는 학생들의 창의력을 기르는 한편 모든 학생이 가장 질 좋은 문화 활동에 참여할 수 있도록 돕는 기관인 〈크리에이티브 파트너십(Creative Partnerships)〉이 있다. 주로 각 지역의 학교와 예술가, 예술 기관들 사이에 다리를 놓고, 각 학교에 적합한 프로젝트 기획을 돕는 역할을 한다. 영국 전역에 걸쳐 서른네 개 지부를 운영하는데, 런던만 해도 동, 서, 남, 북부 네 개 지역에 사무실을 두고 자체적으로 프로젝트를 운영한다. 다양한 외부 전문가들의 협력을 통해 학교 교육을 더욱 풍성하게 하는 사례다.

진로 교육에 있어서도 이러한 시도가 다양하게 일어나고 있다. 여러 지역의 진로 교육가들이 학교와 연계하여 수업을 진행하고 있다. 또한 지자체별로 진로직업체험센터를 운영하며 진로 활동을 지원한다. 교사와 학교의 자원으로 충분한 프로그램도 있지만 학교에서 구하지 못하는 자원은 외부에서 활용해야 한다.

요즘 희토류에 대한 기사들이 종종 나온다. 풍력 발전기, 전기 자동차, LCD 등의 제작에 꼭 필요한 희소 금속인 희토류는 4차 산업의 쌀이라고도 불린다. 희토류처럼 자국에 없는 자원은 수입해서 써야 산업을 더 크게 발전시킬 수 있다. 진로 교육 현장에서도 학교 내부와 외부의 연결이 다양하게 필요하다.

학교들마다 교육 방향과 진로 교육 정책은 다 정립되어 있다. 그 방향에 맞춰 다양하게 외부 자원과도 협력하여 진행한다면 아이들의 성장을 더 크게 도울 수 있을 것이다. '한 명의 아이를 키우는데 온 마을이 필요하다'라는 말이 진로 교육에 더 크게 적용되기를 바란다.

세상을 읽는 창구, 여행

{ 10대, 나는 누구인가? }

우리는 거의 모든 정보가 기록으로 남는 빅 데이터 시대를 살고 있다. 하지만 많은 정보가 기록되었다고 해서 모두 중요하고 의미 있는 정보는 아니다. 방대한 정보 가운데 필요한 정보를 선택하고, 분석해 새로운 가치를 창출하는 것이 무엇보다 중요하다.

'나'라는 사람 안에도 빅 데이터가 존재하고 있다. 높은 곳에서 뛰어내려 다리가 부러진 기억, 친구랑 싸워서 코피가 터졌던 기억, 학교에서 따돌림 받아 상처받았던 기억, 대회에서 우승했던 기억, 사람과 상황, 장소에 대한 기억, 깨달음으로 남은 기억, 학문적인 기억 등 수많은 기억이 저장되어 있다. 하지만 그 모든 정보가 중요한 것은 아니다. 그 정보들 중 필요한 것을 선택하여 분석하고, 이용해서 새로운 가치를 만드는 것이 중요하다.

모든 일에는 자신의 정보가 들어있다는 것을 명심하라! 과학 수업 때 자연 현상에 대해 배우고 무언가 만드는 것을 좋아하는지, 혼자 놀기를 즐기고, 연구하며 탐구하는 것을 좋아하는지, 친구들과 어울려 밖에서 놀기를 좋아하는지 등 자신의 활동을 조금만 더 유심히 살펴보면 소소한 일상과 활동을 통해 자신의 특성, 성격을 알 수 있다. 꼭 남들보다 잘하는 것을 찾을 필요는 없다. 지금 당장 큰 성과를 내지 못해도, 어떤 일을 할 때 나도 모르게 즐거움과 에너지가 생기는 경우도 있다.

우리는 인생을 살면서 모든 것을 직접 다 경험해 볼 수는 없다. 그래서 다른 사람들의 이야기를 듣거나 책을 읽으며 간접 경험을 한다. 또한 적성 검사, 심리 검사 등을 통해서 자신에 대해 이해하기도 한다. 또래 멘토와 만나거나, 새로운 곳으로 여행을 떠나는 일 역시 청소년들이 자신을 알아가는 과정에 큰 도움을 준다.

{ 또래 멘토가 필요한 이유 }

HOT팬들과 BTS팬들이 동일한 감성을 가질 수 있을까? 나이 차이가 클수록 각자의 경험에 대해서 모르기에 공감이 잘 안 되고 대화가 힘든 경우가 많다. 하지만 또래 간의 대화는 매우 편하고 자연스럽다. 공감되는 이야깃거리들이 많기 때문이다. 그래서 또래 멘토, 또래 친구들 간의 관계 형성은 부담 없이 잘 통하며 상호 간에 다양한 배움을 가져다주기도 한다.

오랜 시간 대학생 멘토들과 중·고등학생 멘티들의 프로그램을 운영하면서 느낀 것이 있다. 또래 멘토링(Peer Mentoring)의 힘은 강력하다는 것이다. 중·고등학생들은 대학생들을 보면서 먼저 꿈을 이루어 가고 있는 것에 대한 동경심과 신뢰감을 가졌다.

멘토는 자신의 경험과 지식을 아낌없이 나누며 개인주의가 난무한 이 시대를 벗어나 또 하나의 밝은 문화와 사회를 만들어 간다. 전문인 멘토를 통한 배움도 좋지만, 비슷한 연령과 유사한 경험, 가치관을 지닌 또래들 간의 멘토링은 보다 확실한 동기 부여를 해 준다는 장점이 있다. 무엇보다 참여하는 멘토와 멘티 모두에게 자아 존중감, 인간관계 개선, 의사 소통력 증대, 목표 확립 등을 가져다준다.

청소년 시기는 또래들 간에 많은 영향을 주고받는다. 친구들끼리 의사소통이 잘되면 서로 더 많은 것을 나누고 공감한다. 고민과 걱정을 터놓고 말하며, 자기 생각을 존중받고 믿어 주는 관계를 통해 신뢰감을 형성하게 된다. 나 역시도 어른들과의 대화보다 또래 친구들과의 대화로 많은 문제들을 풀며 그들과 더 깊은 신뢰 관계를 쌓아갔다. 하지만 주변 환경과 친구들에게 관심을 받지 못한다고 느낄 때는 소외감과 우울감, 좌절감에 빠지기도 한다. 이 모든 것이 또래 친구들 간의 관계 속에서 형성된다.

이러한 청소년기의 특징에 따라 또래 멘토, 또래 친구들의 공동 프로젝트는 의미가 크다. 멘티의 발전에 있어 중요한 역할을 하는 멘토가 그 역할을 충분히 하기 위해서는 무엇보다 멘티와의 신뢰 관계 형성이 선행되어야 한다. 같은 경험을 공유한 또래들의 공감대 형성은 신뢰 관계 형성에 큰 도움을 준다.

휴먼북 프로그램에서는 대학생 또래 멘토의 역할을 비중 있게 다룬다. 교직에 막 들어온 선생님들이 아니고서는 아이들과 세대 차이가 크다. 선생님들은 늘 학교 현장에 계시기에 마음만큼은 젊고, 아이들과 소통도 잘된다. 하지만 아이들이 느끼는 것은 조금 다르다. 선생님은 어른이고, 친구가 아니다. 하지만 대학생 형, 누나들은 다르다. 무엇보다 나이 차이가 얼마 나지 않아 부담이 없다. 또한 대학이란 사회에 대한 호기심이 많기 때문에 대학생들에게 우호적일 수밖에 없다.

아이들에게 선생님들의 대학 시절 이야기는 너무 먼 나라 이야기로 들린다. 나는 청소년들에게 실질적인 대학생 이야기를 들려주고 싶었다. 다행히 대학생들과 활동을 많이 해서 주변에 다양한 전공의 대학생들이 있었다. 이들을 적극 활용해 대학생 멘토들을 구성했다. 이윽고 중·고등학교 현장을 찾아가 그들의 이야기를 생생하게 들려주기 시작했다. 그것이 외국인 대학생들에게도 이어졌다. 아무리 해외 경험이 많은 선생님이라고 해도, 외국인 유학생처럼 본토에 대해 설명하기는 힘들다. 이런 부분에서 대학생, 외국인 유학생 자원은 학생들과 선생님들께 많은 도움이 되었다.

또래 멘토 관계에서 가장 큰 가치는 너도 나도 함께 성장한다는 점이다. 휴먼북 프로그램에 참여했던 대부분의 대학생 멘토들은 오히려 본인들이 더 큰 배움을 얻었다고 했다. 한 시간 동안 자신의 이야기를 전하기 위해서 그들은 많은 노력을 했다. 아무리 경험이 많은 사람이라도 자신의 이야기를 준비 없이 한 시간이나 전한다는 것은 쉽지 않다. 대학생 멘토들은 먼저 자신이 어떤 이야기를 전할지 생각하고, 정리한 후 발표 자료를 만들었다. 멘티들을 만나 강연을 하면서 스스로의 가치에 대해 다시 한 번 크게 배웠다고 했다. 자신들 안에 있는 빅 데이터 중 선택과 분석으로 새로운 가치를 창출해 낸 것이다.

어떤 멘토는 항공공학을 전공했는데, 그 분야에 관심을 가진 중학생과의 대화 도중 중학생인데도 불구하고 전문 지식까지 알고 있는 것에 큰 자극을 받았다고 했다. 자신도 목표를 향해 달려가고 있는 중이기에 멘티들과의 만남을 계기로 더 열심히 해서 큰 목표를 꼭 이루겠다는 결심도 했다. 아직 관심 분야를 찾지 못한 중·고등학생들도 다양한 전공에 대한 이야기를 듣고, 꿈을 향해 달려가는 선배들의 모습을 보며 자신의 미래를 그려보는 작은 도전을 시작하기도 했다.

먼 곳을 지루하게 걸어만 가면 누구라도 힘들어 포기하게 된다. 중간 중간 해야 할 일을 살피며 가야 지루하지 않다. 목적지를 향해 가면서 우리는 할 일이 무척이나 많다. 그 일들은 목적지까지 가면서 얻게 되는 좋은 것들이다. 과정 중에 얻는 성취감, 기쁨, 즐거움, 행복감 같은 것 말이다. 이렇게 가지 않으면 결코 목적을 이룰 수 없다.

자동차를 타고 가든 걸어가든 가는 길에 음악도 듣고, 같이 동행하는 사람이 있으면 이야기도 하고, 대중교통이면 책도 읽고, 영화도 보며 가다 보면 어느새 '벌써 왔나?'하며 아쉬워 할 때가 온다. 아직 가야할 목적지가 멀게만 느껴지는 청소년들에게 조금 먼저 간 선배들의 이야기는 그들에게 많은 꿈과 희망을 심어 줄 것이다.

{ 모차르트가 50대에 여행을 시작했다면 }

멘델스존이 21세 때 찾은 이탈리아, 타고르가 11세 때 오른 히말라야, 모차르트가 7세 때 다닌 서유럽은 각각 그들에게 어떻게 느껴졌을까? 부유한 은행가의 아들로 유복했던 멘델스존은 이탈리아 여행을 통해 모두가 자신과 같이 따뜻하고 편안한 삶을 살지 않는다는 현실을 알게 된다. 다양한 삶의 모습을 보게 된 이탈리아 여행은 그를 보다 성숙하게 만들었다. 또한 로마 시대 유적들은 그에게 많은 영감을 주었다. 오랜 시간이 지나도 후대에 지혜와 교훈을 주는 작품들을 보면서 자신도 그런 작품을 써야겠다고 생각했을 것이다. 여행에서의 영감과 배움은 그의 교향곡 4번 '이탈리아'에 녹아든다.

해발 2,000m 고지의 히말라야는 성인들도 오르기 힘들고, 지내기는 더욱 버거운 곳이다. 11세의 타고르는 아버지와 넉 달 동안 그곳에 머물며 여행을 한다. 아름답고 신비하며 웅장한 대자연 앞에서 그는 삶에 대한 깊은 생각을 했을 것임에 틀림없다. 정규 학교 과정에 흥미를 느끼지 못한 아들에게 아버지는 히말라야 여행을 통해 인생의 가장 큰 스승인 자연을 만나게 해 주었던 것이다. 위대한 시인은 그렇게 성장하였다.

음악 신동의 뛰어난 재능을 알리기 위한 아버지의 노력으로 모차르트는 어린 시절부터 연주 여행을 떠난다. 영국과 프랑스의 7년 전쟁이 막 끝난 혼란한 시대의 유럽 여행은 아버지로서 쉬운 결정은 아니었을 것이다. 모차르트가 6세 때 뮌헨에서 시작하여 런던, 파리, 스위스 등을 거쳐 3년 6개월간 여행을 다녔다. 파리에서 당대 유명한 작곡가였던 요한 슈베르트에게 작곡을 배웠고, 런던에서 요한 제바스티안 바흐의 아들인 요한 크리스티안 바흐에게 작곡법을 배웠다. 연주 여행은 훌륭한 스승을 만나게 했고, 많은 영감을 주었다. 600곡이 넘는 그의 작품은 방에서 혼자 고민하면서 만들어지지 않았다.

멘델스존, 타고르, 모차르트가 50대에 그런 여행을 갔다면 어땠을까? 그들이 쓴 명곡과 명시가 나왔을까? 같은 곳을 방문할지라도 자신의 경험에 따라 느껴지는 바가 다르다. 경험이 풍부한 50대 중년이 바라보는 세계와 아직은 완성되지 않았지만 배우고자 하는 열망이 가득한 10대 청소년이 바라보는 세계는 다를 수밖에 없다. 청소년기는 무한히 흡수하는 때다. 넓은 세계로 가서, 다양한 것들을 볼수록 생각의 폭도 커지고, 다양한 문화에 대한 이해도 커진다.

17세기 중반부터 19세기 초반까지 영국을 중심으로 유럽 상류 자제 사이에서 '그랜드 투어'라고 불리는 유럽 여행이 유행했다. 몇 달, 몇 년에 걸쳐 유럽 곳곳의 문화를 직접 체험했다. 특히 고대 그리스 로마 유적지와 르네상스 중심이었던 이탈리아, 높은 소양과 예법을 배울 수 있는 프랑스로 떠났다. 철도, 비행기가 없던 시절 교통수단은 오직 전용 마차였다. 긴 여정을 소화하기 위해서는 많은 비용이 들었기에 상류층에서만 가능했다. 하지만 지금은 상황이 많이 달라졌다. 여행은 모두에게 열려 있다.

프랜시스 젠슨의 저서 『10대의 뇌』에서는 아직 완성을 이루지 않았기에 계속 성장하는 10대의 뇌를 다음과 같이 표현했다.

"인간의 뇌가 퍼즐이라면, 10대의 뇌는 완성을 기다리고 있는 퍼즐이라고 할 수 있다."

10대의 뇌는 에너지가 넘친다. 달려갈 힘은 있지만 어디로 갈지 방향은 모르는 상태다. 뇌 영역들은 새롭게 연결되고, 많은 작용이 일어난다. 활발한 뇌 작용으로 다양한 성과를 보여주기도 한다. 하지만 바다에서 방향을 잡지 못한 배가 좌초되듯이 넘치는 에너지를 조절하지 못하거나 제대로 쓰지 못하면 사고가 나기도 한다.

좋은 것을 보고 들으면 좋은 반응이 나오고, 나쁜 것을 보고 들으면 나쁜 반응이 나온다. 너무도 당연한 말이지만, 10대의 유연한 뇌에 잘 적용된다. 더 좋은 것을 보고 들을 수 있는 환경을 만들어 주자. 익숙해진 학교와 집을 떠나 새로운 환경, 새로운 친구, 새로운 문화에 눈을 뜨게 해 주자. 그 과정에서 배움의 즐거움을 자연스럽게 익히게 될 것이다.

여행지에서 발견하게 되는 자신의 현실적인 모습을 통해, 새로운 자신을 발견하고, 미래의 모습을 준비할 수 있다. 그것이 여행을 통한 배움이다. 청소년기 여행은 늘 머물던 세상에서 다른 것들을 볼 수 있는 창구가 된다. 여행의 기회가 열려 있는 이때, 우리 아이들에게도 기회를 주자. 세계 속에서 두루 경험하며 자연스럽게 익힌 '글로벌 감각'을 가지고 큰 꿈을 펼쳐 나갈 수 있도록. 세계 시민으로 자라날 수 있는 기회를 다양하게 열어 주자.

휴먼북은 새로운 패러다임

{ 계획된 우연을 연출하자 }

테니스 특기생으로 대학을 입학한 존은 2학년이 되어 전공 선택을 해야 했지만 막막했다. 마감 한 시간을 남기고 그가 찾아 조언을 구한 사람은 테니스 코치였다. 심리학과 교수였던 코치는 심리학은 어떤지 물었고, 그는 아무런 고민 없이 심리학을 선택하게 되었다.

그로부터 육십여 년 후, 존은 미국상담학회 '상담계의 살아있는 전설 5인'에 선정됐다. 그는 『굿 럭』의 저자이자 '계획된 우연(planned happenstance)' 이론의 창시자 존 크럼볼츠 교수다. 그야말로 자신의 이론에 딱 맞는 인물이다.

그는 수십 년에 걸친 상담 경험을 바탕으로 한 사례 연구를 통해 '아무리 성공한 사람이라도, 아무리 진로 계획을 완벽하게 설정한 사람이라도 인생의 수많은 우연을 비켜갈 수 없다'는 것을 알게 되었다. 우연 (偶然)이란 '아무런 인과 관계 없이 돌발적으로 일어나는 일'이다. 의도 하거나 계획하지 않은 일이 발생했을 때 쓴다. 급변하는 사회 변화 속 에서 기존의 지식과 상식으로 예측하기 힘든 일들이 더욱 늘어나고 있 다. 이런 변화 속에서 자신의 진로를 찾는 과정도 그만큼 복잡하고 다 양해졌다. 여러 가지로 맞이하는 우연, 그 기회를 잘 활용해야 한다.

크럼볼츠 교수는 계획된 우연 이론에서 사람이 개인의 삶에서 만나 게 되는 많은 우연한 사건이 긍정적인 효과를 가져와서 개인의 진로 에 연결된다고 하였다. 우연을 행운으로 만들기 위해서는 '호기심, 인 내심, 융통성, 낙관성, 위험 감수' 등 다섯 가지 마음가짐이 중요하다고 강조한다.

호기심은 새로운 학습 기회를 탐색하게 한다. 스스로 행동할 수 있는 동기와 열정을 만들어 준다. 인내심은 좌절에도 불구하고 지속적으로 노력할 수 있는 힘을 준다. 융통성은 상황에 따라 유연하게 자기 태도 와 행동을 바꿀 수 있는 능력이다. 낙관성은 삶에서 일어나는 긍정적 인 일과 부정적인 일들 가운데 보다 긍정적인 측면에 더 큰 의미를 둔 다. 위험 감수는 불확실한 상황에서 실패를 감수하면서 도전하고 행동 하게 한다.

수많은 우연한 사건이 학교 안팎에서 청소년들을 기다린다. 그것들 은 다양한 교육 형태로 나타난다. 우연적 사건을 자신의 진로에 유리하게 활용할 수 있도록 우연한 기회를 다양하게 제공해 주자.

'계획된 우연'이라는 말이 참 마음에 들었다. 교육이야말로 진정한 계획된 우연의 연출이 아닐까? 인생이 수많은 우연을 통해 다양한 변화와 기회가 온다고 해서 계획이 전혀 필요 없는 것은 아니다. 진로 계획을 세우고 하나하나 진행하는 과정 가운데 자신이 준비된 만큼 우연한 기회를 잡느냐 못 잡느냐가 달려 있다.

아무런 준비 없이 그저 우연히 익은 감이 떨어질 것만 생각하며 기다려서는 안 된다. 감이 떨어지기 전, 감을 따먹는 법을 가르치는 일이 다양한 교육 활동이다. 계획된 우연을 교육 활동으로 연출하는 일을 하다 보니 나에게도 이 이론이 적용된 일이 많았다.

특히 사람과의 만남이 나에게는 그러했다. 중학교 선생님 한 분과의 만남으로 시작되었던 학교 현장의 일이 연속되어 이제는 학교 안팎을 넘나드는 교육 활동가로 활동하고 있다. 계획된 우연은 지금도 나의 진로 교육 활동에 큰 모티브가 되고 있다.

{ 휴먼북이 왜 진로 교육인가? }

진로 교육의 변화와 함께 학교에서도 다양한 진로 수업과 활동이 이뤄지고 있다. 특히 자유학기제를 기반으로 중학교에서는 더욱 다양한 수업이 진행된다. 하지만 청소년들이 스스로에 대해 더욱 깊이 탐구하고 이해할 수 있도록 계속해서 새로운 프로그램들이 다방면으로 연구되고 만들어져야 한다. 학생들의 흥미, 관심사에 맞는 체계적인 프로그램을 통해 그들의 성장을 도와주려는 자유학기제의 주제 선택 프로그램도 더욱 다양화되어야 한다.

변화하는 진로 교육 현장에 도움을 줄 수 있는 일을 찾아 시작했던 작은 시도는 하나씩 발전을 거듭해 새로운 대안을 제시할 수 있게 되었다. '글로벌 인재 양성'을 목표로 하는 '휴먼북 교육 프로그램'은 '한 사람은 한 권의 책이다'라는 명제에서 시작했다.

모든 사람은 개성의 가치가 있고 자신들의 스토리가 있다. 각자의 스토리를 '스토리텔링 교육'을 통해 체계화시키고, 상호 연결을 통한 배움에 의미를 부여했다. 그래서 가장 처음 시작했던 프로그램이 멘토 강연 프로그램인 휴먼 라이브러리 〈컴퍼스(compass)〉였다. 대학생 휴먼북들의 스토리를 통해 중·고등학생 학생들에게 진로를 향한 나침반이 되고자 노력했다. 이후 진행된 외국인 유학생들의 활동으로 나침반은 세계를 향한 꿈을 꾸는데 도움을 주는 도구로 발전되었다.

한 번의 짧은 만남이 아쉬워 조금 더 깊은 배움의 시간을 고민하다 그들과 여행을 떠나게 되었다. 휴먼북들과 떠난 진로 교육 여행을 '휴먼북 교육 여행'이라 불렀다. 그 역시 기본은 한 사람의 스토리였다. 모든 사람은 자신의 스토리가 있고, 다른 이들에게 소개해 줄 만한 좋은 사람들이 있으며, 추억이 담긴 여행지가 있다는 발상에서 시작했다. 스토리텔링은 여행을 통해 더욱 풍성해졌다. 여행에서 발견하는 자신의 이야기, 여행지에서 만난 사람들을 통한 배움의 이야기 등을 남기며 '글쓰기 교육'으로 자연스럽게 이어졌다.

학교 안에서 진행되었던 휴먼 라이브러리 컴퍼스, 학교 밖에서 펼쳐진 휴먼북 교육 여행. 이후 외국인 휴먼북 강사로 왔던 미국 유학생 크리스를 통해 만났던 션은 보드게임 디자이너로서 나에게 새로운 변화의 기회를 주었다.

그는 미국에서 고등학교 교사 시절 학생들이 보다 재미있게 국제 관계를 이해하고 세계 시민으로 성장할 수 있도록 도울 목적으로 보드게임을 만들었다. 상상 이상으로 큰 규모의 보드게임인 메가 게임 'ALLIANCE'가 그의 작품이다. '세계 시민' 교과서의 내용을 기반으로 메가 게임을 활용한 '글로벌 인재 양성 프로그램'은 청소년들에게 또 다른 성장의 기회를 제공해 줄 것이다.

사람의 성장은 사람을 통해서 일어난다. 그동안 교육 활동을 하며 가장 크게 느낀 점이다. 한 사람의 스토리와 거기에 담긴 가치에 귀를 기울였고 그것들을 연결했다. 연결을 통해 이어진 다양한 교육 활동은 진로 교육의 새로운 패러다임을 만들어 가고 있다.

PART 2

휴먼 라이브러리

컴퍼스 성과 사례

스토리텔링을 하자

한 사람은
한 권의
책이다

휴먼 라이브러리

04

{ 사람책을 만나자 }

"인생은 한 권의 책과 같다. 어리석은 이는 그것을 마구 넘겨 버리지만 현명한 이는 열심히 읽는다. 인생은 단 한 번만 읽을 수 있다는 것을 알기 때문이다."

독일 소설가 장 파울이 남긴 말이다. 인생에 대해 생각하게 하는 이 말은 인생을 책에 비유해서 더욱 매력이 있다. 일상에서 보는 책들은 다양한 메시지와 정보를 담고 있다. 비슷한 정보를 전달할지라도 작가의 견해에 따라서 또 다른 느낌을 준다.

세상 어디에도 똑같은 삶을 사는 사람은 아무도 없다. 그래서 휴먼북들의 스토리는 그 자체가 너무도 귀하고 가치 있다. 휴먼북들이 모여서 만들어진 휴먼 라이브러리. 그 출발은 사회의 차별과 편견을 없애

려는 작은 움직임에서 시작했다.

　휴먼 라이브러리는 1993년 다섯 명의 코펜하겐 청년들이 폭력 방지를 위해 구성한 '스탑 더 바이얼런스(Stop The Violence, 폭력을 멈춰라)'라는 운동 조직에서 시작되었다. 무자비하게 칼에 찔려 죽음을 맞이한 친구의 사건이 결성 계기가 되었다. 휴먼 라이브러리는 이곳에서 주최한 덴마크 최대 음악 축제 '로스킬레 페스티벌'의 부대 행사로 2000년에 시작되었다.

　처음에는 단순하게, 얘기하기 어려운 주제에 대해 서로 대화해 볼 수 있는 기회를 만들어 보자는 아이디어로 시작했다. 사람들 사이에 존재하는 편견이나 고정관념은 각자의 삶에 대해 잘 모르기 때문에 생긴다. 이 활동은 서로를 모르기에 존재하는 시각 차이에 변화를 주고자 하는 의도로 진행되었다.

　창립자 중 한 명인 로니 애버겔은 첫 행사 이후, 이를 세계로 확산시키기 위해 전 세계 다양한 NGO, 공공 기관들을 만나 휴먼 라이브러리를 소개했다. 그 노력의 결과로 현재는 세계 칠십여 개국으로 확산되어 정착 중에 있다.

　정보를 찾고, 배움을 실현하는 중립적인 공간으로 '도서관'이라는 형식을 빌렸다. 사람들 사이 대화도 중립적으로 유지하고자 한다. 책을 빌리고, 반납하는 과정은 일반 도서관과 비슷하다. 다만 사람책을 빌리기에 독자가 혼자 읽는 게 아닌, 사람책을 만나 대화를 나눈다는 점이 다르다.

휴먼 라이브러리는 다음과 같은 특징을 가진다. 첫째, 무형식성이다. 어떤 주제든지 제약을 두지 않고 사람들 간 자유로운 대화와 질문을 열어둔다. 둘째, 다양성이다. 공간, 참여자 등 모든 것이 오픈되어 있다. 셋째, 저예산과 고효율이다. 모든 서비스, 사람책 운영은 무료이고 운영 기관에서 자발적으로 추진하는 것을 원칙으로 한다.

한국에서도 다양한 형태로 운영되고 있는데, 좋은 사례로 '노원 휴먼 라이브러리'가 있다. 2012년 3월 전국 최초 상설화 사람책 도서관 노원 휴먼 라이브러리가 만들어졌다. 지역 사회와 시민이 함께 만드는 도서관으로 지역 사회 문제에 관심이 많은 시민들이 먼저 휴먼북이 되었다. 그래서 덴마크의 휴먼 라이브러리가 내용면에서 '편견 극복'이 중심이라면, 노원 휴먼 라이브러리는 '지식과 경험 나눔'을 강조한다.

휴먼북을 통해 받은 감동을 지인들과 나누면서, 지역 사회로 점점 확산되고 있다. 본인이 경험해 보지 못한 삶을 살고 있는 휴먼북을 통해 다양한 것을 배우게 된다. 특히 청소년들에게는 그들이 관심 있는 휴먼북과의 만남을 통해 전공 및 직업 선택에 큰 영향을 주기도 한다.

편견은 자기만의 세상에 갇혀 있기 때문에 생긴다. 생각의 폭을 보다

덴마크에서 시작한 휴먼 라이브러리. 세계 곳곳에서 다양하게 이뤄지고 있다.

넓힌다면 그 편견의 구름은 조금씩 사라지게 된다. 직업에는 귀천이 없다고 하지만, 한국인의 의식 가운데 유독 직업에 대한 편견이 많다. 직업과 대학 전공, 다른 나라의 문화에 대한 편견을 줄이고자 진로에 대한 나침판이 되어줄 휴먼 라이브러리 컴퍼스는 시작되었다.

한 사람이 한 권의 책이 되어 진행한 활동은 사람에 대한 가치를 발견하고, 그 덕분에 자신들의 가치에 대해서도 깨닫는 활동으로 발전해 나갔다.

{　휴먼 라이브러리는 진로 교육 나침반　}

누구나 마음을 설레게 하는 단어들이 있다. 휴먼북. 나에게는 이 단어가 그리도 큰 설렘과 에너지를 준다. 2014년 1월 노원 휴먼 라이브러리를 방문했다. 그곳 관장님과의 인터뷰를 통해 휴먼 라이브러리와 휴먼북의 가치에 대해 들었던 때가 아직도 생생하다. 자유학기제를 기반으로 하는 진로 교육에 큰 관심을 가지고, 그와 관련된 교사 연구회 활동까지 참여하면서 진로 관련 공부에 열을 올리고 있던 때였다.

앞서 언급했던 바와 같이 개인적으로 청소년 시절, 진로에 대한 많은 고민과 도전을 했었다. 대학생이 되고도 아직 관심사를 찾지 못해 방황하는 이들을 봤을 때, 청소년기 진로 교육이 시급하다는 것을 많이 느꼈다.

중·고등학교 몇 곳을 기반으로 진로 프로그램을 진행하면서 실제로 청소년들에게 필요한 것이 무엇인지에 대해서 더욱 관심을 가지게 되었다. 노원 휴먼 라이브러리에서 관장님의 운영 사례를 하나하나 들으며, 이 개념을 청소년 진로 교육에 적용해 봐야겠다고 생각했다.

지역민들 간의 '지식과 경험 나눔'을 중·고등학생으로 대상을 변경해서 적용해 보기로 했다. 그들이 아직 낯설게 느끼는 대학에서의 생활, 전공, 입학 준비 등에 대해 들려줄 수 있는 대학생 휴먼북들을 먼저 찾아보았다.

주변에 다양한 전공을 가진 대학생들이 있었고, 먼저 여덟 명이 모였다. 수학 포기자에서 수학 선생님이 되겠다고 공부하여 수학 교육을 전공하고 있는 사범대 학생, 바이올린 전공자로 많은 학생을 지도하면서 청소년 교육에 관심이 생겨 교육 대학원을 다니고 있는 음대생 등 충분히 아이들에게 좋은 이야기를 들려줄 수 있는 휴먼북들이 모였다.

첫 시작은 2014년 5월 서울의 중학교 한 곳에서 진행되었다. 학생들의 다양한 활동에 관심이 많은 선생님께서 기회를 주셨다. 토요일에 진행된 행사는 선생님 반 학생들이 친구들 몇 명과 함께 와서 스무 명의 중학생들이 참석했다. 대학생 휴먼북 한 명이 중학생 두 명을 만나서 얘기를 나눌 수 있었다.

자신이 평소 관심 있었던 분야에 대해 더 자세히 들을 수 있어서 좋았다는 아이들과 잘 모르고 관심 없었던 분야인데 새롭게 알게 되어 관심이 생겼다는 아이들. 참여한 대학생들도 본인의 이야기에 관심을 가지고 열심히 귀 기울여 듣는 아이들이 무척 예뻤고, 자기 진로에 대한 확신도 들었다고 했다. 이렇게 휴먼 라이브러리 컴퍼스는 아이들의 진로에 도움을 줄 나침반이 되고자 출발하였다.

첫 시작이라 의미도 있었지만, 귀한 인연을 만나 개인적으로 참 의미가 깊었다. '수학 부진아, 수학 선생님을 꿈꾸다'라는 주제로 자신의 스토리를 준비했던 수학교육과 학생 순찬이. '교사가 아닌 좋은 교사'가 되기 위해 노력하던 그 학생은 지금은 학생들을 가르치는 고등학교 수학 교사가 되어 있다.

그는 초등학교 시절 노는데 집중한 나머지 기초가 너무 부족한 채 중학교에 입학했다. 첫 시험 후, 242명 중 207등이라는 수학 성적에 너무 놀라, 공부를 하려는 마음은 먹었지만 방법을 몰라 고민하고 있었다. 다행히도 그 당시 고마운 은사님을 만나 많은 격려와 가르침을 받으며 열심히 노력했다. '성적은 노력하는 만큼 피라미드식으로 바로 오르는 것이 아니라 인내를 갖고 공부하면 어느 순간 계단식 모양으로 상승한다.'는 은사님의 말씀을 마음에 새기고 꾸준히 노력했다.

1년의 노력은 중학교 2학년 막바지에 들어서야 변화가 보이기 시작했다. 공부에 있어서 꾸준함과 인내의 중요성을 깨닫고 여러 계기와 맞물려 성적이 눈에 띄게 향상되었다. 그 당시 첫 성공의 경험을 하게 되었다. 이에 자신감과 흥미를 가지고 꾸준히 공부하여 고등학교 때까지 매 학기 성적이 올랐다. 수학 교과에서 상위 88%부터 0.3%까지를 모두 경험한 것이다.

이때의 경험으로 수학에 대한 자신감과 교육에 대한 열망이 생겨 교사를 꿈꾸게 되었다. 이 스토리를 통해 화려한 스펙들로 가득한 학생들 사이에서 당당히 입학사정관 전형을 통해 수십 대 일에 달하는 경쟁률을 뚫고 한양대 수학 교육과에 합격하게 되었다.

말 없고 게임 좋아하던 수학 부진아가 참된 수학 교사의 꿈을 꾸게 되었다는 그의 스토리를 듣고 아이들은 자신도 해 봐야겠다는 결심을 하였다. 그 이후 순찬이와의 인연은 또 다른 교육 활동을 함께하며 지속되었다. 내가 만난 어느 대학생들보다 다양한 활동을 하던 순찬이는 지금 어엿한 선생님이 되었다. 그리고 학교 현장에서 필요한 교육에

'수학 부진아, 수학 선생님을 꿈꾸다'라는 주제로 스토리를 준비했던 수학교육과 학생 순찬이.
'교사가 아닌 좋은 교사'가 되고자 했던 그는 지금 고등학교 수학교사이다.

대한 다양한 연구와 실행을 하는 모임을 통해 인연을 이어가고 있다.

휴먼 라이브러리 캠퍼스는 이렇게 나에게도 참 좋은 인연들을 많이 만들어 주었고, 그 후 수도권 중학교들을 중심으로 6년째 계속 운영 중이다. 소규모 테이블 멘토링 형식으로 진행할 때도 있지만, 주로 한 개 반을 두고 강연 형식으로 진행하였다. 참여 대학생들은 45-50분 간 자신의 이야기를 전해 주기 위해 직접 경험한 것들을 최대한 잘 정리했고, 그 과정에서 스스로도 많은 성장이 있었다.

2017년부터는 국내 외국인 유학생들의 참여도 시작되었다. 저자도 경험해 보지 못한 북유럽에서 온 외국인 휴먼북 강연은 그 자체로도 흥미로웠다. 가 보지 못한 나라에서 온 외국인 형, 누나들의 이야기는 아이들에게 어떻게 들렸을까? 강연 내도록 진지하게 경청하던 학생에게 강의 후 어땠는지 조용히 물어보았다.

"저 보다 네 살 밖에 많지 않은데, 어떻게 이렇게 멀리까지 와서 공부하는지 그 용기와 도전하는 자세에 크게 감동 받았어요."

소감을 전했던 학생이 그 당시 중학교 3학년이었는데 지금쯤 대학생이 되어 어떤 생활을 하고 있는지 궁금해진다.

이때 만난 외국인 휴먼북들을 통해 일회성 만남이 아닌 보다 깊이 그들과 생활하면서 배움을 실현할 수 있는 방법이 없을까 생각했다. 그러던 중 '휴먼북과 함께 떠나는 진로 교육 여행'에 대해 구상하게 되었다. 사람과 사람이 만나서 배우고 성장하는 여행. 그 여행을 통해 한 권의 스토리를 만드는 휴먼북 교육 여행, 아이들의 성장에 많은 도움이 되리라는 확신이 들었다.

가끔 함께 했던 학생들이 한 번씩 생각난다. 멘토들과의 짧은 만남이 끝나면 다시 한 번 와 달라고 하던 아이들, 지금은 대학생이 되었을 텐데 어떤 대학 생활을 하고 있을까? 휴먼북을 통한 인연들을 더욱 이어나가지 못해 아쉬웠다.

그래서 지속적인 네트워크와 활동에 대해 계속해서 연구하게 되었다. 찾아가야 할 목표 지점이 있기에 '나침반'은 계속해서 필요할 것이다. 시대가 거듭해나가면서 국내에서 만든 나침반과 함께 외국에서 만든 나침반도 쓰게 되었다. 앞으로는 디지털 나침반도 사용하며 온·오프라인의 소통과 성장을 만드는 네트워크로 발전할 것이다.

휴먼 라이브러리 컴퍼스는 학교로 찾아가는 진로 교육 프로그램.
2014년부터 계속해서 이어지고 있다.

05

컴퍼스 성과 사례

{ 멘티 예진이의 변화 포인트 }

청소년들의 성장과 변화는 언제 어떻게 일어날지 모른다. 그 가능성은 항상 열려 있다. 2014년부터 진행된 휴먼 라이브러리 컴퍼스 활동을 통해 이룬 성과와 구체적인 성장을 이룬 사례들 중 예진이의 사례를 소개하고자 한다.

2016년 중학교 2학년이던 예진이는 평소에도 공부를 참 잘했다. 늘 더 큰 성취를 위해 도전하던 예진이는 이화여대 의대를 다니던 휴먼북 멘토 강연을 통해 확실히 자신이 가야 할 길을 잡았다고 했다. 평소 의과 대학 진학에 관심이 있었지만, 특별히 주변에 의대생을 만날 일이 없었다. 우연한 기회에 학교에서 의대생 휴먼북의 강연을 듣고, 뚜렷한 목표와 실행 계획을 세웠다. 이후 고등학교 진학을 하고, 올해 의대

입학을 하게 되었다.

　물론 예진이가 휴먼북 멘토를 만나지 않았더라도 평소에 공부를 열심히 하고 잘했기에 의대 진학을 했을지 모른다. 하지만 휴먼북 멘토와의 만남이 분명한 목표 설정과 동기 부여에 영향을 준 것은 확실하다. 예진이를 계속해서 지켜본 진로 선생님께서 자기 관심 분야의 길을 먼저 가고 있는 휴먼북 멘토를 통한 자극이 학업에 대한 태도를 변하게 했다는 것을 말씀해 주셨다.

　누구나 다 목표가 뚜렷할 수는 없다. 뚜렷한 목표가 있다고 해서 모두 이루기 쉬운 것도 아니다. 하지만 예진이의 경우처럼 자신의 꿈과 잘 맞는 멘토와의 짧은 만남도 분명 변화의 포인트로 작용할 수 있다. 몇 년 동안의 학생들 케이스를 모두 수집할 수는 없었다. 하지만 프로그램을 운영한 학교 선생님들을 통해 이후 아이들의 변화에 대해서 들을 수 있었다. 작게, 때로는 크게 변화한 아이들의 이야기를 들을 때면 뭔가 도움을 주었다는 생각에 참으로 뿌듯했다.

{ 대학생 멘토, 채수빈 }

　기억에 남는 두 곳의 학교가 있다. 서울의 방화중학교와 양천중학교다. 이 두 곳의 학교에는 백 명의 대학생 휴먼북이 참여를 했었다. 몇 곳의 대학 동아리들과 공동 프로젝트를 진행했는데 어쩌면 이 일은 역사적인 일이었을지도 모른다. 백 명의 대학생이 한 번에 중학교에 멘토링을 간다는 게 쉬운 일은 아니기 때문이다. 하지만 참여를 원하는 멘토 대학생들이 정말 백 명이 모여졌을 때, 대학생들에게도 이런 활동이 참으로 가치 있다는 것을 다시 한 번 느낄 수 있었다.

  학교 졸업 후 학교를 방문할 일은 특별히 없다. 게다가 자신의 이야기를 듣고 싶어 하는 후배들이 기다리는 학교로 간다는 것은 대학생 멘토들에게도 설레는 일이었다. 백 명 대학생 멘토 활동은 여러 가지 준비할 게 참 많았지만 학교와 협력이 잘 되어 순조롭게 진행되었다. 프로그램에 참석하고자 신청하고, 토요일인데도 학교에 나온 중학생들이 이백 명 정도 되었다. 백 명의 대학생들과 이백 명의 중학생들이

참여를 원하는 멘토 대학생들이 정말 백 명이 모여졌을 때, 대학생들에게도 이런 활동이 참으로 가치있다는 것을 다시 한 번 느낄 수 있었다.

작은 학교 책상 앞에서 만나 대화를 나누는 장면은 보기만 해도 기분이 좋았다. 그때 느낀 아이들의 해맑은 모습, 대학생들의 진지한 모습에 매료되어 지금껏 휴먼 라이브러리를 운영하고 있다.

대학생 멘토들은 학교 강연에 앞서 기본적인 트레이닝 과정을 거친다. 자기 스토리 찾기, 기본 원고 구성, 스토리의 강점을 극대화하는 코칭, 스피치 지도, 발표 자료 만들기 순으로 강연을 준비한다. 이런 과정에서 대학생들은 자신의 스토리와 강점을 찾게 된다.

그렇게 열심히 준비한 대학생들의 이야기에 어떻게 감동 받지 않을 수 있겠는가? 가장 크게 감동 받는 사람은 누구보다 준비하는 본인 자신이다. 스스로의 생활을 돌아보게 될 뿐만 아니라 공부하고 있는 학과에 대한 비전과 목표를 더욱 뚜렷하게 설정하게 된다. 또한 본인의 진로에 더 큰 자신감을 가지게 되기 마련이다. 그리고 무엇보다 강연을 마치고 난 이후에는 자신의 삶을 공유했기에 그 길에 더욱 발전적인 모습으로 나아가고자 하는 강한 동기가 부여된다는 것을 볼 수 있다.

컴퍼스는 이야기를 듣는 학생들이나 전하는 대학생들 모두가 성장하는 프로그램이었다. 지켜보시는 선생님들은 자신이 전해 주지 못하는 대학 생활을 들려주는 대학생들이 그저 고마울 뿐이었다.

진로 교육 전문가를 꿈꾸는 서울교대 학생이었던 채수빈 학생. 아니 채수빈 선생님. 이제 초등학교에서 아이들을 가르치는 선생님이다. 우리는 함께 진로 교육에 대해 많은 고민을 하고 여러 가지 시도들을 했었다.

학교 강연에서 만난 인연이 '진로 교육'으로 서로를 이어주었다. 채수빈 학생은 항상 나에게 학교의 다양한 활동 기회를 열어주셨던 중학교 과학 선생님과 함께 과학 진로 동아리 '참길'을 만들었다. 이와 함께 대학생 멘토들과 협력하고자 사범대, 교대 학생들을 선발해서 교육 콘텐츠 개발 모임 '엘피스'를 조직하기도 했다.

다음은 함께 교육 활동을 하던 2014년 당시 교대생이었던 채수빈 학생의 글이다. 지금 봐도 참 감동이 된다. 많은 울림을 주던 교대생이 교사가 되었으니 아이들의 꿈과 희망을 키워주고 있으리라 확신한다.

안녕? 우리 같이 꿈꾸자

채수빈

여러분들은 어떠한 삶이 가장 행복한 삶이라고 생각하시나요? 세상에는 여러 행복이 있지만, 저는 꿈을 이루어 가는 삶이 가장 행복한 삶이라고 생각합니다. 자신의 꿈을 알고, 꿈을 향해 나아간다면, 그 길에서 자신이 성장함을 느끼게 되고 동시에 자신의 꿈 또한 점점 성장하는 것을 보게 될 것입니다.

저는 고등학교 1학년 때 처음으로 교사가 되고자 하는 목표를 정하게 되었습니다. 하지만 그때 교사가 되고 싶은 이유는 단 하나, 단순히 안정된 삶 때문이었습니다. 뚜렷한 목표를 가지고 고등학교 생활을 시작하니, 우선 성적이 올라갔습니다.

또한 가장 놀라운 성장을 경험하게 되었습니다. 바로 꿈이 성장하는 경험입니다. 우선, '교사'라는 희망 직업은 꿈이 되었고, 교사의 꿈은 '꿈을 찾아주는 교사'로, 다시 '진로 상담 교사'가 되었습니다. 지금 '진로 교육 콘텐츠 개발을 겸하는 교사'가 되기까지 구체적으로 성장을 거듭했습니다.

우선 교사가 진짜 꿈이 되니, 공부는 더욱 재미있었고 교사를 준비하는 과정은 즐거움으로 가득 찼습니다. 처음 목표를 정한 뒤로 교사에 대해 계속 궁금해했던 것 같습니다. '구체적으로 뭘 하는 직업일까?', '왜 교사를 하려 하지?', '가르치는 게 과연 재미있을까? 힘들기만 할 것 같은데', '교사가 아이들을 가르치는 일만 하나?' 아주 다양한 질문을 스스로에게 계속 던졌습니다.

여러 질문에 답해 가면서 영화화된 소설을 보듯이 꿈은 점차 저의 눈앞에 구체화되고 가시화되어 갔습니다. 그리고 자연스럽게 교사를 향한 외적, 내적 성장을 위해 노력하게 되었습니다. 지금도 저는 성장하는 꿈과 이에 발맞춘 저의 성장을 위해 노력하고 있습니다. 학과 공부 이외에도 개인적으로 진로 교육과 관련된 공부를 하고 있습니다.

또한 직접적인 경험을 쌓기 위해, 교육 콘텐츠 개발 모임 '엘피스'를 구성하여, 뜻이 맞는 대학생들과 함께 기존 프로그램들을 참고한, 새로운 진로 교육 프로그램을 기획하였습니다. 이밖에 여덟 명의 대학생 멘토단을 중심으로 한 과학

아이들은 스스로 꿈을 찾고, 꿈을 향해 나아가며 행복을 느낄 권리가 있다는 채수빈.
그는 날마다 아이들을 향한 꿈을 꾸는 교사이다.

진로 동아리 '참길'을 중학교 한 곳에서 운영하고 있습니다.

참길은 중학교의 정식 동아리로서 아이들의 CA 시간을 이용하여 진행됩니다. 참길의 진로 교육은 지속성과 연계성이 중요하다는 점을 인식하여, STEP 1부터 STEP 5까지 진행됩니다. 기존의 단발성이 짙은 진로 프로그램을 벗어나, 한 학기 동안 멘티들과 전담 멘토들이 각 단계를 차근히 밟아 나가는 프로그램입니다. 진로 선배인 대학생 멘토들과 함께하여 아이들의 진로 고민에 직접적이고 실질적인 도움을 줄 수 있습니다.

또한 '과학 진로 동아리'라는 성격에 맞게 참길은 STEAM과 직업 교육을 연계한 실험 수업을 통해 학생들이 이공계 진로를 선택하는데 도움을 줄 수 있습니다. 프로그램의 궁극적인 목적은 아이가 스스로 꿈을 찾을 수 있는 능력, 진로력을 길러주는 것으로서 이에 따라 프로그램은 교사 한 명의 수업이 아닌 멘토들과 멘티들의 직접 참여를 중심으로 진행됩니다.

현재 한국의 아이들은 무작정 길을 걷고 있습니다. 의미를 모르는 공부와, 자신에게 의미 없는 성장을 경험하며 점차 부모님, 사회의 꼭두각시가 되어 갑니다. 아이들은 스스로 자신의 꿈을 찾고, 꿈을 향해 나아가며 행복을 느낄 권리가 있습니다. 저는 그 일에 동참하고 싶습니다. 지금까지 날마다 아이들을 향한 꿈을 꾸는 교사 채수빈이었습니다.

대학생들의 교육 현장에서의 활동이 동아리 지원 프로그램으로까지 확대된 좋은 사례였다. 귀한 기회를 주셨던 선생님은 그때 인연으로 지금도 나의 교육 활동에 가장 큰 조력자가 되어 주신다. 당시에 함께 활동했던 사범대, 교대 학생들 여덟 명은 현재 초등학교, 중학교, 고등학교에서 아이들을 가르치고 있다. 황순찬 선생님도 이때 함께 활동했었던 대학생 멘토였다.

학교로 찾아가는 멘토 활동이다 보니 아무래도 교육을 전공하거나, 교육에 관심 있는 대학생들이 많이 참여했다. 세월이 지나 성장한 그들과 지금은 교육 현장에 필요한 더욱 다양한 교육 프로그램을 함께 연구하고 실행할 수 있는 파트너가 되었다. 휴먼 라이브러리 컴퍼스는

2014년 이후 칠십여 곳의 학교에서 진행되었다. 앞으로도 계속해서 더 많은 휴먼북들이 탄생되리라.

아직 멘티로 참여했던 중·고등학생이 대학생 멘토가 되어 신청한 사례는 없다. 참여자들의 데이터를 보다 잘 공유할 온라인 페이지 구축을 하고자 하는 이유가 여기 있다. 지금까지 활동은 멘티에 대한 코치가 다소 어려웠다. 한 번의 특강으로 멘티들의 스토리를 발굴하는 활동까지 이어갈 수는 없었다. 오히려 준비를 하는 멘토에 대한 코칭과 훈련을 통해 그들의 스토리를 발굴하고 전하는 것에는 특화되었다.

그래서 멘티들에 대한 스토리텔링 교육을 발전시켜 나가려 한다. 학교 프로그램에 참여 후 자신들의 이야기를 더욱 만들고, 경험을 나누며, 함께 성장하고 싶은 학생들에게는 온라인에 글을 남길 수 있게 하려 한다. 그리고 정기적인 오픈 특강을 통해 지속적인 관계를 형성하여 그들의 이야기를 더욱 풍성하게 만들 수 있는 다양한 교육 활동을 지원하려 한다.

진로 교육의 가장 중요한 포인트가 '지속성'과 '연속성'이라고 생각한다. 일회성으로 끝나는 학교 강연의 아쉬움을 달래 줄 온·오프라인 서비스를 통해 더욱 스토리가 풍부한 휴먼북들이 많이 나왔으면 한다.

{ 교육은 연결, 외국인 휴먼북 만나기 }

상상해 보자. 유학을 위해 외국에 갔는데, 그곳 중학교에서 한국에 대한 소개와 자신의 이야기를 들려 달라는 초대를 받았다면 어떨까? 자기 나라도 아닌 다른 나라의 현지 학교에서 강연이라니 생각만 해도 신날 일이다. 휴먼 라이브러리 컴퍼스는 외국인 유학생에게 이러한 즐거움을 맛볼 수 있는 기회를 제공해 주었다. 일반 대학생들의 스토리텔링에서 시작해 외국인 대학생들의 강연으로까지 확장된 것이다.

교육은 연결이다. 이런 기회가 가능했던 것도 학교 현장에서 만났던 귀한 인연에서 시작되었다. 대학생들과 여러 직업인이 참여했던 학교 진로 특강 프로그램이 끝난 후, 나를 찾아온 사람이 있었다. 그곳 학교 선생님께서 섭외한 동시 통역사였다. 명함을 주면서 "이 프로그램의 대표자이신가요? 혹시 기회가 된다면 제 주변에 있는 외국인 유학생들에게도 이런 기회를 주실 수 있을까요?"라고 물어왔다.

그분은 국내 외국인 유학생들의 다양한 활동을 지원하고 있다고 했다. 대학생들이 학교에 와서 강연하는 활동을 외국인 유학생들에게도 소개해 주고 싶어 했다. 그들이 학교에 와서 강연한다는 건 그리 쉽지만은 않은 일이다. 초대를 한다고 해도, 통역할 사람을 또 찾아야 하기 때문이다. 하지만 통역사가 함께해 준다면 해결될 일이었다. 무척 좋은 제안이라 몹시 흥분이 되었다.

한국 학교에 가서 자기 나라에 대해 소개할 수 있다는 것은 외국인 유학생들에게 매우 흥미로웠던 모양이다. 3주 뒤에 있었던 중학교 프로그램에 네 명의 유학생이 참여했다. 미국, 핀란드, 일본, 뉴질랜드에서 온 네 명의 외국인 유학생들과 한국 대학생들이 함께 찾은 중학교는 비주얼부터 아주 글로벌했다.

미국에서 온 신디는 대학에서 기타 동아리 활동을 했다. 아이들과 처음 만난 어색한 분위기를 음악으로 풀어 주었다. 준비해 온 노래 가사를 스크린에 띄우고, 기타를 꺼냈다. 아이들은 순간 집중했다. 먼저 몇 소절을 부르더니, 쉬운 가사니 같이 불러보자고 했다. 아이들은 생각보다 쉽게 노래를 따라 불렀다.

노래로 분위기가 무르익자 그동안 영어를 많이 배웠는지에 대해 물으면서 대화를 시작했다. 이렇게 재미있게 팝송을 부르는 것도 언어 공부에 도움이 많이 된다며, 본인도 지금 한국어를 공부 중인데 K-POP을 통해 재미있게 공부하고 있다고 했다. 영어 시간에 선생님과 부른 팝송과 신디와 부른 것이 같은 느낌일까?

신디는 미국에서 지낸 중학교 시절을 소개하면서, 다양한 스포츠 활동에 참여한 이야기를 전해 주었다. 한국에 비해 청소년들의 스포츠 활동 기회가 많은 미국이기에 한편으로 부럽기도 했다. 신디는 한국이 첨단 고층 빌딩 숲 사이에 전통 고궁이 있어 너무 매력적이고, 어디

미국에서 온 신디는 대학에서 기타 동아리 활동을 했다. 처음 어색한 분위기를 음악으로 풀어 주었다.

서든 전화하면 바로 가져다주는 배달 문화는 너무 편하단다. 본인들은 살고 있는 곳이어서 무감각했지만 서울 사랑에 빠진 그녀의 이야기에 아이들은 신기한 듯 쳐다보며 집중했다. 자신들이 가진 것의 귀한 가치를 외국에서 온 유학생을 통해 바라보게 된 배움의 시간이었다.

일본에서 온 유우타는 와세다대학교를 졸업한 수재다. 대기업에 취업 확정을 받고 귀국을 한 달 남겨둔 시점에 학교 강연을 함께 했다. 먼저 일본 학생들의 학구열에 대해서 얘기를 해 주었다. 일본은 와세다대학교 같은 명문 대학들 간 서열이 존재하기에 중학교 때부터 입시가 시작된다고 했다. 본인도 대학 입학을 위해 포기하고 싶을 만큼 힘들 때도 있었지만 끝까지 이겨내며 공부했다면서 자신의 학창 시절 이야기를 들려주었다.

대학생 시절에는 국제 교류 활동을 통해 다양한 외국 경험을 쌓았다고 한다. 그 부분을 스토리로 잘 만들며 취업 준비를 했단다.

"기회가 된다면 다양한 곳으로 떠나 보세요. 짧은 여행이든, 조금 더 긴 유학이든. 내가 살아온 곳과는 다른 환경에서 친구도 만나고, 공부도 해 보면서 느끼는 것은 떠나지 않으면 절대 느끼지 못하는 것들이 많아요. 일본은 학교 간 교류가 많아 외국 학교로 갈 수 있는 기회가 종종 있어요. 저는 중학교 때 처음으로 독일에 가게 되었어요. 독일어라고는 하나도 몰랐는데, 친구들과 어울리고 싶어 엄청 열심히 공부했어

일본에서 온 유우타는 와세다대학교를 졸업한 수재.
'꿈을 향해 폭넓게 도전하라'는 그의 메시지는 나에게도 크게 와닿았다.

요. 그때만큼 외국어 학습 능률이 폭발적이었던 때는 제 평생 없었던 것 같아요."

이후 미국에서도 단기 유학을 하면서 글로벌 마인드를 많이 배웠다고 했다. 미국에서 만났던 한국 친구와의 인연으로 한국에 더 관심을 가지게 되었고, 고려대학교 어학당에서 6개월 간 공부를 했다. '꿈을 향해 폭넓게 도전하라'는 그의 메시지는 나에게도 참 와닿았다.

처음 학교로 갔던 외국인 친구들이라 아직도 기억이 생생하다. 나도 그들의 이야기에 푹 빠져들었다. 수업 후 아이들은 너도 나도 외국인 친구들과 사진을 찍겠다고 줄을 섰다. 이 한 번의 경험으로 아이들의 글로벌 마인드를 극대화시킬 수는 없다. 하지만 작은 시작점이 되기에는 충분히 좋은 기회였다. 그날 이야기를 들은 아이 중 누가 훗날 해외 유학을 통해 더 많은 것을 배우고 글로벌 인재로 성장할지는 아무도 모른다.

외국인 친구들은 타국에 와서 학교 강연을 할 수 있어 무척 새로운 경험이라며 모두들 매우 만족해 했다. 진로 선생님께서도 이런 기회를 만들어 줘서 무척 고맙다고 하셨다. 이후 휴먼 라이브러리 컴퍼스 활동에는 외국인 유학생들이 두세 명씩은 꼭 함께 했다. 작은 연결에서 시작된 일이 큰 감동과 배움으로 이어지니 참으로 보람 있었다. 이후 보드게임 디자이너 션을 알게 되었던 것도 학교 강의를 왔던 미국 학

외국인 친구들은 타국에서 학교 강연을 할 수 있어 새로운 경험이라며 매우 만족해 했다.

생을 통해서다.

'학교'라는 공간에서 일어난 다양한 교육 활동을 통해 많은 휴먼북을 만났다. 그들을 통해 휴먼북 교육 여행에 대한 비전도 더욱 키우게 되었다.

싱가포르 태생의 신평은 독일에서 자동차 공학 박사 학위를 받은 엘리트 공학도이다. 신평은 싱가포르국립대학교 졸업 후 자동차 강국 독일로 유학을 다녀왔고, 현재 싱가포르에서 자동차 관련 연구원으로 일하고 있다. 학교로 찾아온 그를 만난 아이들은 어땠을까? 싱가포르? 독일? 아직은 두 나라에 대해 많이 경험하지 못했기에 두 곳 모두 경험한 신평을 보면서 호기심이 생기지 않았을까?

깨끗하고 모든 게 잘 정비된 작은 나라 싱가포르는 자원은 부족하지만 높은 교육열로 인해 국가 경쟁력을 최대로 끌어올린 나라다. 본인도 그 교육열 덕분에 독일 유학까지 가게 되었다며 그동안 공부한 스토리를 잘 소개해 주었다. 싱가포르인의 눈에 비친 독일에 대해 이야기하며 독일과 싱가포르 두 나라에 대해 자세히 전해 주었다.

그날 신평을 만난 아이들 중 평소 두 나라에 대해 관심이 있던 학생들이 있었다. 멘토링 프로그램에서 항상 자신의 관심사에 맞는 멘토를 만날 수는 없다. 하지만 이 아이들처럼 자신의 진로에 도움이 될 멘토를 만나는 행운이 찾아오기도 한다. 그런데 그 멘토가 외국인이라면 아이들의 꿈은 더 큰 세계를 향하게 될 것이다.

외국인 휴먼북 프로그램은 한국 대학생 휴먼북들과는 또 다른 매력을 아이들에게 선사했다. 낯선 나라에 대한 신기함과 배움들, 더 큰 꿈에 대한 자극, 무엇보다 자신의 꿈을 향해 한국에 와서 공부하는 그들을 보면서, 아이들은 해외에서 공부하고 싶다는 꿈을 꾸게 되었을지도 모른다.

대학생 때 국제 교류 활동을 통해 신평을 알고 지내오다가, 그의 한국 출장 일정과 학교 강연 일정이 맞아떨어지면서 휴먼북 강연자로 초대할 수 있었다. 지금도 가끔 만나면 그때의 학교 강연 이야기를 한다. 내가 아니었으면 어떻게 한국 중학교에서 그런 강연을 할 수 있었겠냐며 고마워한다. 사실 고마운 건 나인데 말이다.

스토리텔링을 하자

{ **교육의 기반, 스토리텔링** }

휴먼북 활동에서 가장 중요하게 생각하는 것이 바로 각 사람들의 스토리다. 스토리는 인물, 사건, 배경을 갖춘 말의 내용을 이루는 한 덩어리이다. '누가, 어디에서, 어찌 하였다' 이 세 가지 요소가 잘 섞여야 좋은 스토리가 나온다.

스토리텔링은 스토리를 표현하는 '말하기 행위'다. 휴먼북 프로그램은 '스토리텔링 교육'을 기반으로 하는데, 스토리를 끌고 가는 주체는 스토리텔링 주인공인 바로 '나' 자신이다. 스토리텔링을 통해서 자신에 대해 더 깊이 바라볼 수 있게 된다. 자신에게 일어난 사건들 속에서 느낀 생각, 그것을 바탕으로 변화된 행동을 하나씩 묘사하는 과정에서 자신을 발견할 수 있다. 내 삶의 주인공은 바로 나라는 것을 확실히 배우는 기회가 된다.

주인공은 추구하고자 하는 목표가 있고, 장단점을 가지고 있으며, 가장 큰 매력인 '개성'을 가지고 있다. 각자는 자신의 스토리를 찾으면서 삶의 주인공으로 자신을 확실히 인식하게 된다.

자기 삶의 스토리가 펼쳐지는 배경도 중요하다. 모든 스토리는 시간과 공간 속에서 펼쳐진다. 자신에게 일어난 일이 중심이 되어 스토리가 나온다. 그 속에는 하나의 사건이 아닌 여러 사건이 얽혀 있다. 이런 사건들에는 장애물과 같은 '갈등'도 있다. 우리는 삶의 행위 자체에서 갈등을 만나는 일이 비일비재하므로 재미난 스토리는 무궁무진하게 펼쳐진다.

아침에 눈을 뜨자마자 우리는 또 다시 없을 그날의 스토리를 시작하게 된다. 그렇게 쌓인 자신의 스토리를 정리하다 보면, 그동안 다양한 행위가 모여 자기 변화를 만들어 낸 것을 발견한다.

인생은 변화의 연속이다. 특히, 새로운 누군가를 만났을 때 늘 변화하는 생각과 행동에 따라 항상 어떤 일이 일이 펼쳐질지 모를 우리네 인생은 하루하루 기대가 된다.

{ 자기 발견과 자기 이해 }

스토리텔링 교육이 실제로 어떻게 적용되었을까? 청소년기는 자신만의 다양한 스토리를 만들어 가는 과정이다. 하나씩 새롭게 써지고 있기에 더욱 관심을 기울이게 되고 흥미롭다. 스토리가 만들어지는 과정 속에서 스스로에 대한 관심과 애정을 쏟게 된다. 불완전한 자신과 뚜렷하게 보이지 않는 미래 모습으로 인해 방향을 잡지 못하기도 한다. 하지만 자신의 내면에 어떤 세계가 자리잡고 있는지, 외부에서는 어떤 일들이 벌어지고 있는 지를 잘 살피는 가운데 조화를 이루어간다.

이때 가장 중요한 것이 바로 '자기 발견과 자기 이해'다. 주변에 대해 빨리 이해하고, 그 속에서 자신의 생각, 감정을 잘 세워 나갈수록 빨리 안정화된다. 자기 발견과 자기 이해는 자신이 삶의 주인공임을 알고, 스스로를 깊이 보고 발견하는 과정에서 만들어진다.

자신에 대해 스스로 학습하고, 해결책을 찾게 하기에 스토리텔링 교육은 진로 교육에 효율적이다. 누구나 주인공이 되면 재미있다. 자신이 가장 잘 아는 자신만의 스토리를 발견하며 주인공으로서 가치를 더욱 찾게 된다. 또한 현재의 모습과 비교하며 여러 가지 발전 과정을 종합적으로 이해할 수 있다.

휴먼북 활동은 기본적으로 자신의 스토리를 다른 사람에게 들려주기 위함이다. 이를 위해 자신을 더욱 객관적으로 바라보며 감동, 공감,

소통의 포인트도 찾게 해 준다. 자기의 스토리를 써 내려가다 보면 어떤 과정이 지금의 모습으로 이끌었는지 보이기에 현재의 모습에 만족하지 않는다. 보다 나은 모습으로 발전하기 위해 더 큰 변화를 추구하려고 도전한다.

스토리텔링을 준비하면서 먼저 자신을 더욱 자세히 바라보며 상황에 대해 깊이 생각하게 된다. 느낀 바가 있으면 행동하여 바꾸려 하고, 그것을 생활 속에서 실천하기 위해 애쓴다. 이러한 스토리텔링의 과정을 통해 '나'라는 한 권의 휴먼북이 완성되는 것이다. 물론 그 책은 계속해서 업데이트 되고 또 업데이트 되어야 한다.

이처럼 스토리텔링을 통해 꿈에 가까이 다가선 한 학생이 있다. 바로 성욱이다. 방송반 활동을 무척이나 열심히 하던 성욱이를 만난 것은 고등학교 2학년 겨울방학 때였다.

성욱이는 대학에서 영상을 전공하는 재민이를 멘토로 만나면서 많은 변화가 생겼다. 그 당시 운영하던 방송 전문가들과의 멘토링 아카데미에서 재민이를 만났다. 이후 휴먼 라이브러리 컴퍼스 프로그램에 초대했다. 대학생은 직업 전문인에게 배우고, 배운 것을 고등학생 멘티에게 전해 주는 구조. 도움으로 이어지는 진로 활동의 좋은 사례였다.

성욱이는 멘토 형을 만나 대학 진학에 대한 코치도 받았다. 그 당시 하고 있던 방송반에서의 활동을 입시에 최대한 잘 활용할 수 있도록 멘토 재민이가 도와주었다. 친구들 몇 명을 모아 영상 공모전에 나갈 수 있도록 코치해 준 것도 재민이었다. 운 좋게도 수상까지 하게 되어 기쁨이 컸다. 성욱이는 교내 방송반 활동과 공모전 수상 경력을 좋은 스토리로 엮어서 본인이 원하는 방송 제작 전공으로 대학교에 입학하게 되었다. 멘토링과 스토리텔링의 딱 맞는 결합으로 좋은 진로 결과를 냈던 일이라 기억에 남는다.

멘토와의 만남이 자신이 가지고 있던 스토리를 보다 풍성하게 만들었고, 스스로 더욱 노력하도록 촉매제가 되었다. 지금도 방송국 지망생으로 하루하루 열심히 자신의 스토리를 쓰며 지낸다는 소식을 종종 들을 때마다 참으로 뿌듯하다.

PART 3

진로 교육 여행이란?

여행은 자극의 기회

더 나은 여행을 위하여

'나'를
깨닫고
발견하기

진로 교육 여행이란?

07

{ 창의 융합형 인재 교육 }

이 시대가 원하는 '창의 융합형 인재'로 꼽히는 사람들이 있다. 바로 애플의 스티브 잡스, 마이크로소프트의 빌 게이츠, 페이스북의 마크 저커버그이다. '다른 종류의 것이 녹아서 서로 구별이 없게 하나로 합하여지거나 그렇게 만든 것 또는 그런 일'이라는 '융합'의 사전적 의미에 비추어 봤을 때 '융합 교육'이라 함은 여러 가지 교육 주제와 내용들을 연계시켜 배우는 것임을 알 수 있다.

융합 교육은 미국에서 1990년대부터 STEM(Science, Technology, Engineering, Mathematics)이라는 용어를 사용하며 가장 먼저 도입되었다. 더 나아가 버지니아공대의 대학원생 야크만은 2006년 STEM에 예술(Arts)까지도 통합할 것을 제안하였다. STEAM 교육에 관한 최초의

논문은 2007년 10월에 야크만과 김진수(한국교원대) 교수가 국제 학술 대회인 'ISETL'에서 발표하였는데, 한국의 인기 스포츠인 바둑을 주제로 STEAM 융합 교육의 방법을 제시하였다. 지금은 미국뿐 아니라 많은 선진국에서 이러한 교육 방식을 활용하고 있으며, 한국에서도 다양하게 적용되고 있다.

창의 융합형 인재를 양성하기 위한 교육 방법의 하나로 '진로 교육 여행'은 어떨까? 아직 진로 교육 여행이란 용어가 많이 쓰이진 않지만, 진로, 교육, 여행으로 쪼개어 보면, 그것들이 각각 어떤 개념이고, 융합했을 때 어떤 효과가 있을지 알 수 있다.

먼저 '진로'란 무엇인가? 진로(進路)는 '앞으로 나아갈 길'을 의미한다. 청소년 시기 정신적, 육체적으로 많은 변화를 겪으면서 그들은 스스로의 앞길에 대해 진지하게 고민한다. 이런 중요한 시기에 다양한 경험을 통해 자신에게 맞는 관심 분야를 찾고 발전시켜야 하지만 당장 해야 할 입시 공부가 그들을 기다린다. 스스로 원하는 적성과 흥미를 찾지 못한 채, 주어진 학업에만 몰두해야 하는 교육 현실 속에서 앞으로 나아갈 길을 찾기란 쉽지 않다. 그렇기에 지금 학교에서 진행 중인 진로 교육의 변화는 더욱 기대가 된다. 자신의 미래에 대해 스스로 고민할 수 있는 기회들이 많이 제공될수록 청소년들은 건강하게 꿈꾸게 된다. 스스로에 대한 끊임없는 질문과 탐구, 그리고 다양한 활동들을 통해 얻게 되는 경험이 우리 청소년들에게 너무도 필요하다.

'교육'이란 무엇인가? 교육(敎育)은 지식과 기술을 가르치며 인격을 길러 주는 것을 뜻한다. 그동안 한국 교육은 지식과 기술은 가르쳤지만 인격을 길러 주기에는 다소 부족했다. 입시 위주 교육 정책을 통한 무한 경쟁과 서열화된 대학으로 인해, 학년이 올라갈수록 친구는 동료가 아닌 경쟁 상대가 되어간다. 인격 함양보다는 좋은 대학이 보다 현실적으로 들린다.

좋은 대학만 가면 모든 게 해결 된다는 인식은 이제 바뀌어야 한다. 소위 명문대를 졸업하고, 사회의 중요한 역할을 하는 사람들 중 부족한 인격을 드러내는 경우를 우리는 종종 목격하게 된다. 급격한 현대화 속에 빠르게 성장만을 위해 달려왔던 시대는 지났다. 교육을 통해 기본을 바로 세우는 작업이 필요한 때다.

마지막으로, '여행'이란 무엇인가? 여행(旅行)은 일이나 유람을 목적으로 다른 지역이나 외국에 가는 일을 말한다. 과거에는 자신이 태어난 고향에서 성장하고, 그곳에서 생활을 하다가 생을 마쳤지만 지금은 너무도 달라졌다. 통신과 교통의 발달에 힘입어 다른 지역, 다른 나라로 다니는 일이 매우 자연스러워졌다. 지역 간, 국가 간 이동이 어렵지 않은 환경 속에서 더 많은 것을 보고, 배울 수 있는 여행은 이제 특정 사람들에게만 주어진 혜택이 아니다.

자, 이제 진로, 교육, 여행 세 단어의 뜻을 합쳐 보자. '인생의 앞으로 나아갈 길에 대한 지식과 기술을 다른 지역이나 다른 나라를 다니면서 배우고, 그 과정을 통해 인격 함양을 도모한다' 합쳐 보니 그 의미가 더욱 명확해진다. 진로 교육 여행은 그 과정 중에 많은 것을 제공한다. 청소년들이 스스로 나아갈 길, 즉 진로를 찾게 도와준다. 또한 지식과 기술을 배우고 인격을 기를 수 있다. 게다가 다른 지역, 다른 나라에 가서 익숙한 곳에서 알지 못했던 것을 배우게 한다. 쪼개고, 더해 보니 진로 교육 여행의 사명이 정리되었다.

융합의 시대는 더욱 새롭고 이상적인 것을 위해 다양하게 조합되고, 시대의 변화와 흐름에 따라 그 조합은 더욱 다채로워진다. 과거에는 성적이 좋은 학생들의 경우 이과라면 의대, 문과라면 법대로 진학하는 사례가 많았다. 하지만 지금은 많이 달라졌다. 다양해진 사회 속에서 대학 전공과 직업 선택의 폭이 넓어졌다. 입시 전형도 다양화되어 관심 분야에 대한 연속적인 활동과 함께 발전 가능성만 있다면 원하는 대학을 입학할 수도 있다.

청소년들도 변화했다. 저마다의 개성을 가진 지금의 청소년들은 그저 부모님의 생각에 따르기만 하는 세대가 아니다. 남들과 다른 길을 가길 좋아하고, 개인 맞춤 시대를 살아가기에 진로 선택도 그들이 좋아하는 것으로 맞추고 싶어 한다.

그러므로 이들을 대하는 교육 또한 달라져야 함이 마땅하다. 세계가 열려있는 이 시대를 살며 창의 융합형 인재가 되고자 한다면, 지금 당장 진로 교육 여행의 티켓을 끊어보자.

{ 새로운 곳에서 나를 발견하기 }

1990년대 초반, 직업 발달 이론 연구자 도널드 슈퍼는 전 생애에 걸쳐 경험하는 생애 역할의 다양성을 아치 모형으로 설명하였다. 개인의 성장과 사회적 요인들이 어떻게 결합하고 상호작용하는지에 대한 것이다. 아치를 받치는 두 개의 기둥 중 개인 기둥은 욕구, 지능, 가치, 흥미 등 개인적 성격을 나타낸다. 또 다른 기둥은 사회 기둥으로 지역 사회, 학교, 가족, 또래 집단을 말한다.

진로 교육 여행을 그의 이론에 비춰보았다. 여행은 두 개의 기둥을 더욱 튼튼하게 만들어 개인을 성장시킨다. 새로운 여행지에서는 경로나 스케줄을 통해 본인의 흥미, 가치, 욕구를 볼 수 있고 이해할 수 있다. 이것은 개인 기둥의 성장을 나타낸다. 또한 함께 가거나 그곳에서 만나는 또래 집단을 통해 성장하기도 하고, 그곳의 지역 사회, 학교에 대한 이해의 폭도 커진다. 이는 사회 기둥을 더 튼튼하게 한다.

음식도 재료가 풍성한 만큼 다양한 맛을 낼 수 있다. 아이들이 꿈꾸는 미래 모습을 위해 여러 가지 꿈의 재료들이 필요하다. 여행은 그 재료들을 풍성하게 제공할 수 있다. 음식 맛을 내기 위해 소금이 없어서는 안 되듯이, 꿈의 재료 중 빠져서는 안 되는 것이 '나에 대한 이해와 발견'이다.

　새로운 곳에 가면 본인들의 관심사에 따라 흥미와 관심 분야가 분명하게 드러난다. 평소 일본 애니메이션과 전자 제품을 좋아하던 형원이는 휴먼북 교육 여행 중 동경의 전자상가 밀집 지역인 아키하바라에 갔을 때, 다른 아이들이 가장 즐거워했던 디즈니랜드보다 더 재미있다고 했다.

　나가사키를 방문했을 때, 역사를 좋아하는 나는 다른 일행들이 가지 않는 '나가사키 역사 문화 박물관'에 다녀오기도 했다. 점심 식사를 한 나가사키 짬뽕집 뒤에 있던 옛 홍콩 상해 은행 건물에 갔었다. 이제는 중국의 쑨원과 우메야쇼키치에 관한 전시관이 된 그곳에서 두 인물과 중국, 일본 역사 그리고 나가사키항의 역사에 흥미를 가지게 되었다. 나가사키 박물관 중 한 곳이었던 그곳에서 나가사키 역사 문화 박물관 할인 티켓을 주었고, 가 보고 싶었던 곳이었기에 고민 없이 전차를 타고 바로 그곳으로 향했다.

　함께 휴먼북 교육 여행을 갔던 준우는 평소 디자인에 관심을 가지고 있었다. 일본 곳곳에 있는 만화 캐릭터와 재밌는 디자인 포스터들에서 눈을 떼지 못했다. 지하철 광고판에도, 상점 간판에도 일본 특유의 귀

여운 캐릭터들이 의미 전달을 더욱 부드럽게 해 줬다. 준우는 빡빡한 일정 중 서점에 꼭 가고 싶다고 해서 저녁 일정을 마치고 함께 서점에 갔었다. 디자인 관련 책들을 보고 또 보고는 한 권을 골랐다. 일본 디자인 모티브에 관한 책이었는데, 한국에서는 살 수 없을 것 같다고 하며 비싼 가격인데도 망설임 없이 구입했다.

이렇듯 여행을 가면 나를 발견할 시간이 주어지기 마련이다. 각자의 관심사, 흥미에 따라 여행지에서 시간을 쓰는 곳이 달라진다. 아이들이 스스로를 발견하지 못하는 경우는 옆에서 잘 지켜보고 알려 주는 것도 좋은 방법이다.

어떤 활동에서, 어떤 장소에서 더 관심을 보였는지 대화를 해 보자. '나에 대한 이해와 발견'은 여행을 통해 많이 찾게 된다. 이렇듯 진로 활동에 포커스를 맞추면 여행은 또 다른 재미가 더해진다.

대부분의 사람은 편하게만 살기를 원하지만 이는 자기를 병들게 할 수 있다. 자신이 가야할 진로를 찾는 일이 편하고 쉽기만 하다면 과연 그 인생은 재미있을까? 편하게 나의 길을 찾으려는 안일한 자세가 아닌, 나의 삶은 내가 개척하겠다고 도전하는 삶의 태도를 가져 보자.

사람들은 한꺼번에 꿈을 다 이루려 하지만 미래의 꿈은 당장 현실에서 이루어지지 않는다. 미래까지 시간이 흘러가야 한다. 과거에 희망했던 것이 지금 이루어지고 있는 것이다. 하지만 미래만 쳐다본다면 기회가 와도 알아차리지 못하고 흘려보내고 만다. 고로 과거를 잊으면 현실에서 꿈을 못 이룬다. 과거에 원했던 그 기회가 왔으니 지금 하나씩 행하는 것이 희망을 이루는 방법이다.

사람들은 미래에만 치중하여 살고 있다. 현실은 하나의 징검다리로만 생각하고, 과거는 아주 잊어버리고 살아가기 일쑤다. 하지만 자신에 대해서 연속적으로 과거, 현재, 미래를 깊이 생각해 봐야 한다. 스스로에 대한 과거의 첫 마음을 잊어버린다면, 그리도 원했던 것이 현재 이루어지고 있어도 모른 채 지나쳐 버린다. 혹시 그토록 바라던 미래가 자신이 생각했던 것과 조금 다른 모습으로 이루어지고 있어서 아직도 기다리고 있는 것은 아닌지 항상 스스로를 점검해 보자.

사람들은 현실의 삶 속에서 더 밝은 미래를 위해 어떻게 하면 더 잘될까를 항상 고민한다. 답은 간단하다. 더 잘하면 더 잘된다. 말은 쉽지만 실제로 잘하려면 더 신경 쓰고 더 행동해야 하니 그것이 쉬운 일은 아니다.

지금보다 잘하기 위해서 '더하기(+)'를 해야 한다면, 더 잘하기 위해서는 '곱하기(×)'만큼 해야 한다. 열 개를 가지고 있는데 지금 보다 더 잘해서 두 개를 더 얻으면 열두 개가 된다. 하지만 두 배로 더 잘하면 스무 개를 얻을 수 있다.

이와 같이 더 잘해야 희망이 이루어지고 꿈이 이루어진다. 이를 위해 과감한 결단과 도전이 필요하다. 정신을 번쩍 차리게 하는 신선한 충격도 필요하다. 늘 같은 상황과 현실에서는 똑같은 생각과 행동을 하기 쉬우므로 전환을 위한 사건이 필요하다.

여행은 새로운 환경에서 맞이하는 신선한 충격이면서 그 안에서 자신에 대한 새로운 발견을 하도록 한다. 또한 더 잘하기 위해 도전할 다양한 전환점을 만들어 준다. 일상에서 느끼지 못했던 자신을 발견하기 위해서, 또 자신의 꿈을 찾기 위해서 조금은 피곤하고 고생스럽더라도 길을 떠나보자.

늘 반복되는 삶 속에서 나의 시야를 가렸던 것들로부터 벗어나 새로움 속에서 나를 발견하자. 새로운 나를 발견하며 늘 꿈꾸던 과거의 소망을 현실에서 찾게 되고, 미래를 위해 준비하게 될 것이다. 더 큰 세상에서 나를 찾으리라.

새로운 분야, 새로운 주제, 새로운 사람과의 만남은 많은 배움을 가져다주는 동시에 새로운 관계를 형성하게 한다. 여행이 가져다주는 새로운 관계를 통한 배움은 자신을 찾는 과정이 들어 있다. 그것이 바로 진로 교육 여행이다.

08

여행은 자극의 기회

{ 살아있는 정보, 휴먼북 }

흔히 여행을 다녀와서 남는 건 사진뿐이라고들 한다. 사람들은 파리에 가면 개선문과 에펠탑, 뉴욕에 가면 자유의 여신상 같은 명소 앞으로 달려간다. 더군다나 요즘은 SNS에 올릴 인생샷을 찍기 위해 더욱 열을 낸다.

이제는 사진 찍기도 좋지만, 그곳 사람들을 만나보자. 그리고 그들과 대화해 보고, 사진을 찍어야겠다면 명소가 아닌 그들과 함께 찍어 보자. 더욱 기억에 남는 여행이 될 것이다. 장소에 대한 기억은 그곳에서 만난 사람을 통해 오래도록 지속된다. 만일 그 인연이 한국에 돌아와서도 SNS로 이어진다면 그 나라에 대한 배움은 더욱 오래갈 것이다.

사람을 만나는 여행을 해 보자. 현지에서 만나는 사람은 여행을 풍성하게 해 준다. 음식점 하나만 봐도 그러하다. 아무리 블로그를 찾고, 인터넷 정보를 찾아도 여행자들의 경험 이상을 찾기는 쉽지 않다. 하지만 현지인이 알고 있는 맛집은 그들을 통해서만 얻을 수 있다.

여행 책자와 인터넷 정보 외에 살아있는 정보를 현지에서 만난 사람들을 통해 얻을 수 있다. 살아있는 정보, 바로 휴먼북을 통해서! 현지에서 만난 사람들은 그 나라를 보다 깊이 이해할 수 있게 해 준다. 짧은 여행으로 겉만 보고 오는 게 아니라 그들의 삶에 들어가 조금 더 깊이 배울 수 있다.

요즘 같이 SNS가 발달된 사회에서는 여행 후에도 얼마든지 그들과 소통할 수 있다. 여행의 추억과 자기 성장이 계속해서 이어질 수 있는 것이다. 해외를 다녀와서 언어 소통의 한계를 느끼고, 외국어 공부에 몰입한다고 해서 그 열정이 얼마나 갈 수 있을까? 한 달 정도 지속될 수 있을까? 바쁜 일상에서 절대적인 목적 없이 외국어 공부를 하기란 쉽지 않다. 하지만 여행 때 만난 친구와의 아쉬웠던 소통을 생각하며, 돌아와서도 번역기를 써 가며 연락을 하다 보면, 외국어 학습에 대한 열정을 계속해서 이어갈 수 있다. 그리고 다음에 만날 때는 더 활발한 소통을 하겠노라고 다짐하며 더욱 열심을 내게 될 것이다. 이것 또한 여행이 주는 언어 습득의 큰 동기 부여라 하겠다.

대학생 시절, 국제 교류 행사 때 캐나다에 사는 홍콩 출신 친구를 만났다. 그 친구와 메일을 주고받으면서 당시에 영작 실력을 상당히 키웠던 기억이 있다. 그때는 하루가 멀다 하고 메일을 주고받다 보니 외국인 친구를 통해 얻어지는 배움이 매우 컸다.

여행을 가서 그곳의 사람들에게 관심을 가져보자. 언어가 안 통해도 충분히 소통할 방법들은 많으니 도전해 보자. 온라인 시대를 살고 있는 청소년들에게 여행은 다양한 것들을 직접 체험할 수 있는 기회를 제공해 준다.

체험은 확인이다. 알고는 있었지만 정확하게 알지 못했던 것들을 직접 체험하여 확인함으로써 확실히 알게 된다. 확인이 끝나면 확신을 갖고 온전히 나의 것으로 만들면 된다. 백 번 듣기보다 한 번 겪으며 체험하는 것이 더 확실하다. 많이 겪고 체험하며, 많이 행해야 된다. 그래야 겪은 보람이 있다. 최고의 체험을 하러 여행을 떠나보자.

2019년 1월 동경에 함께 갔던 아이들 가운데 중학교 2학년 대양이가 있었다. 스무 명의 참여자들 중 유난히 대양이는 일본 친구들과 교류를 좋아했다. 우리가 흔히 쓰는 메신저 대신에 일본 아이들이 주로 쓰는 메신저가 따로 있다고 하니 가장 먼저 그 메신저를 설치했다.

일본 아이들이 주로 쓰는 메신저는 대화방에 영어, 일본어 등 통역기를 초대하고 한글로 입력하면 바로 영어, 일본어로 번역되어 나온다.

대양이는 동시통역 어플과 메신저 대화방을 이용해 가장 대화에 적극적이었다. 학교에서 일본어를 조금 배워서 글자를 읽고 회화 몇 마디 하는 정도의 일본어 실력이었지만 그게 문제가 되지 않았다.

사람 중심의 여행은 스스로 만든다는 것을 보여준 대양이였다. 다른 한국 아이들은 말이 잘 안 통하니 한국 아이들끼리 다니기 십상이었다. 하지만 대양이는 최대한 일본 친구들과 같이 다니려고 했다. 물론 그것도 체질이 맞고 본인이 좋아해야 하기에 억지로 할 수는 없는 일이다. 하지만 이왕이면 외국에 나갔으니 그곳 친구들과의 소통에 더욱 도전해 보고 사람을 만나는 여행을 해 보자. 분명 더 큰 추억으로 남을 것이다.

{ 자극해야 성장한다구요? }

아이들이 키가 크는 것은 성장 시기에 따라 각각 다르다. 키가 크려면 충분한 영양 섭취, 휴식과 운동 등이 성장 시기와 잘 맞물려 이루어져야 한다. 아이들이 미래에 대한 꿈을 키우는 것도 적절한 시기가 있다. 그렇다면 아이들의 꿈은 언제 성장할까?

꿈이 커지는 순간들이 있다. 어느 순간이 아이들에게 감동을 줄지, 큰 기억을 남을지, 변화의 시간을 만들어 줄지 정확하게 예측할 수는 없다. 모두가 다르기 때문이다. 친구들과 운동을 할 때, 가족들과 시간을 보낼 때, 학교에서 마음이 잘 맞는 친구들과 팀 과제를 준비할 때. 언제 어느 때 아이들의 꿈의 성장판이 열릴지 모른다. 성장판은 때가 되면 누구에게나 열리는 문이지만, 꿈 성장판은 부모, 교사, 아이들이 함께 노력해야 활짝 열 수 있다. 그때를 다 알 수는 없지만 아이들은 항상 작은 일에도 배우고 성장한다.

이러한 성장 포인트를 잡기 위해서 많은 시간을 아이들과 호흡하고 소통하는 일이 필요하다. 그리고 아이들의 흥미를 불러일으킬 만한 익숙하지 않은 새로운 일들을 제시해 주어야 한다. 그런 면에서 낯선 것에 대한 호기심을 자극하고, 충분한 시간을 가지고 함께 겪으면서 대화를 나눌 만한 이벤트인 '여행'은 참 매력적인 기회다.

새로운 자극에 아이들은 '내게 이런 면이 있었나?'하며 스스로를 바라보게 된다. 여행을 하면서 다양한 일을 아이들에게 맡겨보자. 그 속에서 아이들은 스스로를 찾게 된다. 평소에 관심 없던 것도 새로운 환경, 낯선 나라에서 친구들과 함께하면 신기하게도 재미있게 느껴진다.

평소에 밥을 먹기 위해 늘 찾아가는 식당도 여행지의 식당이라면 다르다. 처음 먹어 보는 음식, 그 나라만의 독특한 분위기를 통해 관심 없던 요리에 대해 관심이 생길 수도 있다. 아이들이 성장할 수 있도록 새로운 곳으로 안내하자.

사람은 보고, 듣는 것에 따라 생각하고 행동하게 된다. 뇌는 보고 들은 것에 즉시 반응을 보인다. 늘 같은 곳에서 같은 것을 보고, 들으면 같은 생각과 행동을 한다. 자꾸 좋은 것을 보여주고 듣게 하면, 뇌는 새로운 자극을 받는다. 늘 같은 것만 보고 듣는 아이들에게 신선한 자극을 주자. 반복되는 일상에서 벗어나 틀에 박힌 듯 한정된 생각을 깰 수 있는 여행을 떠나보자.

휴먼북 교육 여행은 일상에서 벗어나 낯선 경험을 통해 창의적인 인재가 될 수 있도록 돕는다. 해외에 나가서 이질적인 문화를 체험하면, 기존에 가지고 있던 생각에서 벗어나 새로운 관점으로 세상을 바라보게 된다. 그곳에서 만난 다양한 사람들과 여행 전후 읽게 되는 책은 생각의 범위를 한층 넓게 만든다.

청소년들에게 다양한 전문 분야의 사람들을 만날 수 있는 여행의 기회를 주자. 같은 분야라도 해외에서 만나는 전문인들은 또 다른 호기심을 갖게 만드는 한편 적성에 맞는 분야를 찾는 과정으로 이끌 것이다. 이질적인 문화에 노출된 자신을 통해서 스스로 몰랐던 다양한 모습을 보게 될 것이다.

여행의 이점은 이뿐만이 아니다. 여행 전후 다양한 책을 읽으면서 여행에 대한 배경지식과 사후 지식을 탐색할 수도 있다. 그 과정을 기록으로 남겨 보자. 이런 활동은 다양한 성장 포인트가 있기에 아이들의 꿈 성장판을 한껏 열어 줄 수 있을 것이다.

09

더 나은 여행을 위하여

{ 다양한 기회가 주는 깨우침 }

수원 화성에 가본 적이 있는가? 그 시대에 가능했을까 싶은 정교한 과학적 설계에 놀라고, 자연을 거스르지 않고 아름답게 쌓은 모습에 다시 한 번 놀란다. 화성을 쌓은 정조의 효심과 철학, 화성 건설을 가능케 한 정약용의 노력 등 숨은 이야기들이 너무도 많다.

한국에 가볼 곳이 어디 수원 화성뿐이랴. 근대사 여행으로 떠나기 좋은 군산, 수억만 년 비밀을 간직한 자연습지 창녕우포늪, 6.25전쟁의 슬픔이 깊이 깃든 파주DMZ 등 무척이나 좋은 명소가 많다.

아이들과 함께 하는 여행을 비싼 경비와 시간을 투자해서 꼭 해외로 나가야 할까? 여행을 통해 배울 수 있는 것들은 국내에도 다양하다. 하지만 국내에서 맛볼 수 있는 것과 해외에서 맛볼 수 있는 것은 다르다.

다른 나라에 대한 호기심과 관심에서 시작된 공부는 아이들을 성장시키는 큰 힘이다.

국내 여행도 좋지만 해외로 나가면 문화부터가 다르기에 그 신선함은 더욱 크다. 새로운 나라에서 만나는 그곳만의 문화, 생활 방식, 전통과 역사, 이국적인 장소에서 느껴지는 낯선 새로움은 잠들어 있던 내 안의 나를 깨우기도 한다.

늘 자주 가는 편의점이 일본에서는 어찌도 그리 아이들에게 인기가 좋았던지. 첫날부터 돌아오는 날까지 편의점 가는 게 무척 즐거웠다는 아이들이다. 한국보다 음식의 종류와 맛이 더 좋다고 하면서, 편의점 컵라면을 종류별로 사오는 아이들을 보며 '작은 차이를 통해 아이들은 새로워 하고 다양성을 느끼는 구나'하는 생각이 들었다.

똑같은 시장 상인을 만나도 외국에서 만난 시장 상인들은 느낌이 다를 수밖에 없다. 해외에서 만나는 직업인들은 국내에서 만났던 직업인들과 또 다른 느낌으로 다가올 것이다.

그리고 해외에 나가면 모두가 자국에 대한 관심과 애정을 더욱 가지게 된다. 동경 여행 동안 일본 중학생들과 함께하는 시간이 많았다. 언어가 잘 통하지 않아도, 스마트폰 번역기를 쓰면서 다양한 소통을 했다. 그 와중에 한국에 대해 여러 가지를 묻는 일본 친구들에게 시원하게 답해 주지 못하는 자신을 보면서 아이들은 '내가 사는 나라에 대해 너무 모르고 있었구나'하는 생각이 많이 들었다고 한다. 외국 친구들을 통해 자연스럽게 자국의 역사, 문화에 대해 더 관심을 기울이게 되니 이 또한 큰 수확이다.

외국어 공부에 대한 호기심도 무척 자연스러운 일이다. 아무리 학교에서 공부를 했다고 해도, 그곳에서 일상 대화를 자유롭게 하기란 쉽지 않다. 여행 동안 느끼는 의사소통의 한계와 답답함은 더 큰 세상에 나아가기 위해 외국어가 얼마나 중요한지를 몸소 느끼게 해 준다. 여행에 돌아와서, 몇몇 아이들은 일본 애니메이션을 보며 몇 마디 들렸던 일본어를 다시 공부해 보겠다고 했다. 우리와 다름에서 느끼는 새로움과 신선함이 주는 힘은 참으로 크다.

사람이 서건, 앉건, 눕건 간에 자기 취향대로 편안하다 할지라도, 어느 정도 시간이 흐르면 고통이 오는 법이다. 같은 자세로 더는 못 견디고 다른 자세로 바꾸지 않을 수가 없다. 우리의 삶도 아무리 부와 명예, 권력을 얻고 자기 뜻대로 되었다 해도 그 삶이 지속되면 권태가 온다. 자기 한계에 부딪혀 못 견디게 되는 것이다. 이것이 한계 상황이다.

다양한 삶으로 몇 번이고 바꿔 살아야 보다 편하게 살게 된다. 다양한 삶의 자세를 취할 기회를 주자. 모든 것이 익숙한 한국에서만 편하게 누워 있다고 해서 마냥 편할 수는 없다. 말이 안 통하고, 낯선 환경이라도 자꾸 접해보자. 한국에서만 머물러 있기에는 해외여행이 너무도 자유로워진 세상이다.

　사람이 배우지 않으면 내놓을 것이 없다. 배우는 고통은 잠깐이지만 배우지 않음에서 오는 고통은 평생 간다. 해외에 나가서 다양한 것들을 자꾸 배우다 보면, 스스로의 한계에도 많이 부딪힌다. 하지만 다양한 삶의 모습을 통해 자신도 다양성을 갖춘 사람이 되어간다는 것을 느끼기 시작하면 배움은 더욱 재미있어진다. 익숙하지 않은 새로운 곳을 가 보면서, 좋은 것도 체험하고 어려움도 겪어봐야 그런 경험을 거울삼아 인생을 더욱 풍성하게 살아갈 수 있다. 큰 세상에서 크게 배우고 크게 성장하자.

{　여행의 목적지를 연구하라　}

　모든 일에 있어 준비하는 과정은 참으로 중요하다. 성장하는 진로 교육 여행을 만들기 위해서도 그러하다. 2019년 동경 여행 전, 아이들이 보다 많은 것들을 배울 수 있도록 다방면에서 준비를 하였다.

　아이들은 어떻게 전달하는지에 따라 70만큼 느낄 것을 90, 100만큼 느낄 수 있다. 같은 사람을 만나도 아이들의 기분이 어떤가에 따라 다르게 느끼게 된다. 같은 직업인을 만나더라도 어떤 상황이냐에 따라 다르다. 별로 만나고 싶지도 않은 상태에서 어쩔 수 없이 만난다면 아무리 훌륭한 멘토라고 해도 별 관심이 없다. 하지만 아이들의 흥미를 어떻게 자극하는지에 따라 관심도는 달라진다. 별로 관심 없는 직업인들도 친구들과의 분위기, 자신의 기분에 따라 호감도가 높아지기도 한다. 그만큼 아이들은 예민하고 섬세하다. 그런 그들을 만족시킬 수 있는 힘이 바로 사전 작업인 '준비'에 있다.

동경 여행 전, 아이들과 일주일에 한 번씩 세 번의 준비 모임을 진행했다. 여행에서 함께할 활동 팀 배치, 기본 회화 연습, 여행지에서 만날 전문인과의 인터뷰 준비, 여행지 기본 정보 수집, 여행 전 기록 남기기, 기록에 대한 교육 등이 포함되었다.

먼저 여행 전 아이들에게 필요한 것은 여행에 대한 다양한 흥미와 호기심을 가지도록 하는 것이었다. 물론 최종 목적은 좋은 분위기 속에서 많은 경험을 하고, 과정 중 최대한 각자가 얻을 것을 얻어 성장할 기회를 충분히 만들어 주는 것이다. 본격적인 동경 여행 전, 흥미와 취미, 관심사, 성격 등을 고려해서 멘토 대학생들과 팀을 만들어 주었다. 사전 활동을 통해 대학생 멘토들은 아이들과 더욱 호흡하게 되었고, 여행 전 어느 정도 신뢰를 쌓게 되었다.

아이들은 친해지면 더 많은 활동을 함께하고자 한다. 그리고 그들의 생각도 더 편하게 얘기한다. 이 사람이 자기편이라는 확신이 들면 아이들과의 활동은 너무도 편해진다. 그것을 위해 대학생 멘토들은 아이들의 선호도를 미리 파악하고, 보다 관심 있는 것에 집중할 수 있도록 잘 끌어 주었다. 여행 준비를 통해 얻은 가장 큰 수확은 미리 아이들과 친해질 수 있었다는 점이다. 마음이 열리면 그 이후로는 가속도가 붙는 10대 아이들이기 때문이다.

일본 현지인을 초대해서 기본 일본어 회화도 공부했다. 짧은 시간에 몇 마디 배우지는 못했지만, 아이들은 이 말은 꼭 외우겠다고 했다.

"トイレはどこですか?(토이레와 도코데스카/화장실은 어디입니까?)"

일본 친구들 앞에서 부를 일본어 노래도 한 곡 연습했다. 일어어 소리가 들리는 대로 한글로 풀어 적은 후 부르긴 했지만, 그래도 나름 일본어로 부르는 분위기가 났다.

팀별로 방문 장소에 대한 사전 조사를 하면서 자연스럽게 일본에 대해 더 관심을 가지고 책과 인터넷을 찾아보곤 했다. 휴먼북 교육 여행인 만큼 그곳에서 만날 세 명의 전문인 휴먼북들과의 만남도 미리 준비했다. 세 팀이 각각 한 명의 휴먼북에 대한 인터뷰 자료를 만들었다. 여행을 이끌어 줄 다이스케를 통해 세 명에 대한 기본 자료를 받고, 만남의 시간을 어떻게 보내면 좋을지 아이디어를 교환했다.

여행 전후 생각의 변화를 살펴보기 위해 영상 인터뷰도 진행했고, 여행에 참가하는 마음 자세, 배우고 싶은 점, 기대되는 것 등을 담았다. 진로에 대해서는, 현재 자신의 꿈과 비전을 이야기하도록 했다.

여행이 한 번의 좋은 기억과 재미로 끝나지 않게 하기 위해서 최대한 여행을 기록할 수 있도록 '기록'에 대한 교육을 진행했다. 기록의 중요성, 기록을 통한 성장, 기록하는 방법 등에 대해 코치해 주었다. 3주 동안 사전 일정을 진행하며, 아이들은 비슷한 또래의 대학생들과 쉽게 친해졌다. 서로 충분히 소통하며 각자 팀별로 준비할 일들을 하는 한편 만나게 될 전문인 휴먼북에 대해서도 미리 관심을 가지게 되었다.

무엇을 하든지 목적을 확실하게 정하고 나서 시작해야 한다. 그 목적지를 향해 가다 보면 더 높은 차원의 목적이 보일 것이다. 아이들과의 여행도 가서 무엇을 배울지 목적을 정확히 잡고 여러 가지 준비를 하다 보면, 과정 가운데 또 다른 배움에 이르게 된다.

목적지까지 남은 거리를 생각하지 말고 '가는 방법'을 연구하라! 청소년들은 아직 인생의 목적지까지 많은 거리가 남았기에 언제 다다를까 생각하면 오히려 지치고 만다. 그 대신 어떻게 저 목적지를 잘 갈 수 있을지 방법을 연구하는 것이 필요한 때이다.

짧은 여행일지라도 앞으로 그들이 살아갈 긴 삶의 축소판임을 가르쳐주자. 떠나기 전, 같이 연구하고 준비하다 보면 저마다 여행을 통해 얻고 싶은 목표들이 하나씩 생기기 마련이다. 그때부터 여행은 큰 날개를 달고 날아오르게 된다.

PART 4

선한 영향력을 만나다

일본 동경 여행 다이어리

내가 휴먼북 되기

휴먼북과 책 쓰기

사람을
배우는
휴먼북 여행

선한 영향력을 만나다

{ 휴먼북을 만드는 여행 }

화가는 그림을 그리기 전 충분한 구상을 한다. 구상에 따라서 작품은 달라지기 마련이다. 휴먼북 교육 여행이라는 '걸작품'을 남기기 위해서 '여행 기획자'들은 머리를 맞대고 여행 구상에 많은 시간을 들였다. 2019년 1월 동경 여행에서 가이드가 되어 준 다이스케와는 한 달 동안 한 주에 두 번씩 만나서 의논을 하였다. '어디를 갈 것인가, 무엇을 먹으며, 어떻게 이동할 것인가'하는 기본적인 여행 준비도 많이 했지만, '누구를 만날 것인가'에 대한 대화를 가장 많이 나누었다.

제한된 여행 일정 속에 무엇보다 아이들이 재미있어야 하겠지만, 아이들의 가슴속에 자리잡을 흥미로운 '만남'을 선사하는 것도 중요했다. 그 만남이 흥미롭기 위해서는 만날 주인공이 누구인가 하는 것이 키포인트였다. 따라서 그 사람만이 풍기는 매력과 스토리가 있는 사람을 찾기 위해 고심했다. 마침내 만화가, 일본식 식당 사장, 정형외과 원장 이렇게 세 명의 전문인 휴먼북을 섭외했다. 그들은 아이들에게 좋은 영향력을 주기에 충분했다.

휴먼북 교육 여행에서 전문인들과의 만남을 준비할 때, 최대한 아이들의 입장에서 생각해 보았다. 아이들의 관심 분야에 적합한 롤 모델을 찾으려 애를 썼다. 세 명의 전문인들을 만나기 전에 아이들로부터 그 전문인들에게 하고 싶은 질문들을 받아 보았다. 아이들과 해당 직업에 대해 자료조사까지 하고 그들을 직접 만나니 여행에서의 배움은 더욱 컸다.

세계적으로 이름을 날리는 사람들만이 휴먼북이 되는 것이 아니다. 때로는 평범한 삶이 다른 누군가에겐 큰 감동과 희망을 준다. 누군가의 스토리는 그 무엇과 비교할 대상이 아니다. 그 스토리 자체로 힘 있는 메시지가 된다. 동경에서 만났던 세 명의 전문인들은 아이들에게 충분히 훌륭한 휴먼북이 되어 주었다. 개개인이 가진 역량으로 만들어 낸 스토리, 자기 분야에서 일구어 낸 전문가의 삶, 자기 분야에서 최선을 다하는 모습들이 전해질 때 아이들의 눈망울은 초롱초롱하게 빛나고 있었다.

고마움을 표현할 사람이 많은 인생은 행복한 인생이지 않을까? 물론

나도 그들에게 고마운 사람이 되어야겠지만 말이다. 휴먼북 교육 여행은 현지와 소통이 가능한 사람이 맡아 안내를 하고, 그가 소개해 준 현지 전문인들을 통해서 배우고, 돌아와서 자신이 휴먼북이 되는 여행이다. 그런데 이것이 가능하려면 훌륭한 마인드와 자기만의 스토리를 가진 협력자들이 필요하다. 이러한 협력자들이 없이는 결코 휴먼북 교육 여행이 성공적이라 말할 수 없을 것이다.

많은 협력자를 만난 것은 참으로 행운이었다. 그들을 통해 또 다른 다양한 스토리를 가진 사람들을 만날 수 있었다. 휴먼북 교육 여행은, 사람으로 시작해서 사람으로 끝나는 여행이라 해도 과언이 아니다. 한 명으로 시작해서 계속해서 이어지는 또 다른 휴먼북들과의 만남은 참으로 매력적이다.

{ 현지인 다이스케와 다이키 }

해외에 나가서 맛집이나 명소를 찾는 일은 발품을 팔고, 검색만 하면 그리 어렵지 않게 할 수 있는 일들이다. 하지만 현지인들과의 네트워킹 활동이나 현지 전문인들을 만나는 것은 그리 쉬운 일이 아니다.

책 한 권을 읽으면 그 책이 주는 하나의 메시지를 얻게 된다. 어떤 책은 한 권의 책 안에서 다른 책을 소개해 주기도 한다. 그런 책을 읽으면

한 권을 통해 여러 가지 메시지를 얻게 된다. 휴먼북의 경우도 마찬가지다. 한 명의 만남을 통해 다양한 연결이 이루어지고, 여러 사람들과의 만남을 통해 더욱 많이 배울 수 있다. 2019년 1월 동경, 후쿠오카 여행이 그런 여행이었다. 한 명의 휴먼북을 통해 다른 휴먼북을 소개 받아 더욱 풍성한 교육 여행이 되었다. 동경에서는 다이스케, 후쿠오카에서는 다이키가 그 주인공들이다. 두 명 모두 한국에 대한 큰 관심을 가지고 한국어 공부를 많이 해서 동시통역 수준으로 한국어에 능통하다.

대학생 시절부터 한국에 대해 관심을 가졌던 다이스케는, 대학 졸업 후 한국에 대해 더 알고 싶어 현대그룹 계열사 일본 지사에 들어갔다. 그곳에서 일하면서 한국어에 많은 흥미가 생겼다. 결국 그는 한국어를 더욱 전문적으로 배우고자 통번역을 공부하러 한국으로 유학을 왔다. 그는 한국에서 1년 간 유학하였고, 나는 그의 유학 시절 홈스테이 호스트가 되어 주었다.

그가 머무는 동안 나의 집은 '글로벌 하우스'가 되었다. 그의 일본 친구들도 종종 놀러왔고, 통번역을 같이 공부하던 여러 각국의 친구들도 한 번씩 글로벌 하우스를 방문하곤 했다. 덕분에 외국인들과 함께 했던 학교 강연 프로그램 운영에도 많은 도움을 받았다. 그의 오랜 친구인 정형외과 의사 토다 원장도 그 당시 만났다. 현재 다이스케는 한국에서 통번역과 일본인 가이드를 겸하고 있다.

다이스케는 이번 여행에서 휴먼북 역할을 넘어 휴먼북을 소개하는 역할을 톡톡히 해냈다.

다이스케는 이번 여행에서 휴먼북의 역할을 넘어 휴먼북을 소개해 주는 역할 또한 톡톡히 해냈다. 그의 소개로 친구인 정형외과 의사, 그가 번역을 도왔던 적이 있는 만화가를 이번에 직업 전문인으로 만날 수 있었다. 한 사람의 스토리 있는 휴먼북이 주변의 좋은 휴먼북들을 소개해 주는 것이 휴먼북 교육 여행이 추구하는 가치라고 앞서 언급한 바 있다. 그 가치를 다이스케가 잘 실현시켜 주었다.

스무 명의 중학생들이 4박 5일 동안 동경에서 지내면서, 어떻게 하면 최고로 효율적인 여행이 될지에 대해 많은 의견을 나누었다. 전문인 휴먼북을 만나는 부분에서는 일정 배치가 중요했다. 그들과의 만남에서 배울 것이 많다고 그 만남만을 강조하면 아이들은 재미없다고 느낄 수 있기 때문이다.

그래서 일정 배치를 두고 꽤 고민을 했다. 감사하게도 일본 가정식 식당 사장님이신 오오츠카 상은 식사 초대와 함께 바쁜 점심시간을 피해서 일정을 잡아 주셨다. 정형외과 의사인 토다 원장도 맛있는 식사와 짧은 강연 후 일본 온천까지 함께해 주어 아이들은 대만족이었다. 바쁜 일정에도 우리 일행의 일정에 맞춰준 것이 무척 고마웠다.

만약 다이스케 없었다면 이런 분들을 섭외하고 일정을 조율하며 소통하는 것이 쉽지 않았을 것이다. 그리고 캐리어 한 번 끌고 다니지 않게 자동차로 픽업해 주고, 일본 씨티 투어를 가능하게 해 준 토시로 상을 섭외해 준 것도 다이스케였다. 토시로 상은 다이스케가 한국에 있으면서 온라인으로 한국어를 가르쳐주는 미치의 아버지다. 이번에 다이스케의 부탁으로 토시로 상은 회사에서 마이크로버스를 빌려 직접 운전까지 해 주셨다. 일본의 비싼 교통비를 해결해 준 것 뿐만 아니라, 토시로 상의 풍부한 경험이 묻어나는 안내까지 더해져 정말 감사했다. 하나하나 여행 일정을 세심하게 신경 써 준 다이스케가 있었기에 웃음꽃이 피어나는 휴먼북 교육 여행이 될 수 있었다.

후쿠오카 여행을 도와 준 다이키는 대학을 졸업하고, 한국의 온라인 콘텐츠 회사에서 근무했다. 한국 유학 당시 한국 정서와 문화를 익혔기 때문에 그동안 만난 많은 일본 친구 중 한국을 가장 잘 이해하는 친구였다. 이번 여행 동안 해박한 지식으로 어디를 가나 설명을 잘해 주었다. 그리고 모두에게 인생샷을 다 남겨 줄 만큼, 그는 통역과 함께 사진도 부지런히 찍어 주면서 우리 일행을 도왔다. 이번 여행을 맛있는 요리에 비유한다면 그는 소금 같은 존재였다.

다이키는 한국과의 여러 인연으로 종종 한국에서 일본으로 여행 오는 지인들의 가이드를 해 주고 있다. 또한 그는 학창 시절 배구, 축구, 야구 등 다양한 스포츠 클럽에서 활동했던 스포츠맨이며, 특히 배구는 수준급 실력자이다. 배구 심판 자격증도 가지고 있어 가끔 공식 시합에서 심판을 보기도 한다고 했다.

현재 아버지 사업을 도와드리기 위해 대학원에 다니며 세무사 시험

다이키는 한국 유학 당시 한국 정서와 문화를 익혀 그동안 만난 여러 일본 친구 중 한국을 가장 잘 이해하고 있었다.

도 준비하고 있다. 지난번 후쿠오카 여행 때는 그가 운영하는 배구 동호회 회원들과 친선 배구 경기도 하였다. 한 명의 휴먼북을 통해 국제 스포츠 교류 행사는 물론, 일본 측 배구 동호회 회원들과도 좋은 나눔의 시간을 가질 수 있었다.

다이키와는 한국에서 근무할 때부터 알고 지냈으니 꽤나 오래 만났다. 온라인 콘텐츠 제작 프로젝트 하나를 같이 하게 되면서 처음 만났다. 그때도 한국어를 참 잘했던 걸로 기억한다. 다이키는 다른 일본인 친구들보다 본인의 감정 표현을 편하게 했다. 다른 일본 친구들은 상대에 대한 배려심이 몸에 배어 있어, 이야기해야 할 것을 시원하게 표현하지 못하는 경우가 종종 있었다. 반면에 다이키는 편하게 자기 의견을 잘 표현했다. 그래서인지 그와의 만남은 늘 부담이 없었고, 일본의 다양한 이야기를 들을 수 있어 좋았다.

해외에 나가면 배우는 것이 많다. 이왕이면 다홍치마라고 하지 않던가. 좋은 휴먼북 한 명을 통해 더욱 풍성한 여행이 되고, 그 속에서 더 큰 배움과 즐거움을 가질 수 있다면 그보다 더 좋은 일이 어디 있으랴.

{ 짱구 동네 의사, 토다 }

토다 원장은 다재다능한 의사다. 의료 법인을 운영하는 의료 경영인이자, 카스카베 정형외과 원장, 국제의료교류단체 대표, 예술가, 마라토너이다. 다양한 것을 좋아하는 나는 그런 그의 다재다능함이 참 마음에 들었다. 다이스케를 통해 그를 알게 된 지도 어느덧 4년이 되었다. 그와의 인연이 2019년 1월 휴먼북 교육 여행으로 아이들과 그의 병원 방문까지 이어질 줄은 정말 꿈에도 몰랐다.

카스카베 역(春日部駅). 짱구 만화를 많이 본 사람에게는 익숙한 역이다. 짱구 가족이 사는 동네가 그곳이어서 만화에는 그 지하철역이 자주 등장한다. 토다 원장이 운영하는 병원은 카스카베 역에서 멀지 않은 곳에 있다.

2017년 봄, 그로부터 오랜만에 연락이 왔다. 본인이 운영하는 국제의료 교류 단체에서 일본 의사와 의대생들이 대만 의사와 의대생들과 교류 프로그램을 진행하는데, 한국에서도 의대생들을 초대하고 싶다고 했다.

나는 대학생들과 많은 활동을 하고 있었지만 특별히 의대생들과 인연은 별로 없었다. 일단 한국 의대생들을 찾아보겠다고 대답을 했다. 순간 떠오르는 학생이 한 명 있었다. 그해 초 멘토링 활동을 통해 소개받은 의대 예과 1학년 신입생이었다. 그리고 평소 알고 지내던 학교 선생님을 통해 의대에 간 제자 한 명을 소개 받았다.

이 두 명의 의대생들은 보통이 아니었다. 둘 다 끼도 많고, 다양한 활

토다 원장은 다재다능한 의사. 의료 법인 경영인이자 카스카베 정형외과 원장,
국제 의료 교류 단체 대표, 예술가, 마라토너다.

동을 하던 학생들이라 친구들도 많고 리더십도 있으며, 무엇보다 성격이 매우 적극적이었다. 이야기를 꺼냈더니 정말 좋은 취지의 활동이라며 친구들에게 바로 소개해 보겠다고 했다. 일주일 뒤 두 의대생의 초대로 열일곱 명의 의대생이 모였다. 참 대단한 학생들이었다. 그래서 그해 8월, 동경에서 한국, 일본, 대만 국제 의료 교류 활동을 진행하게 되었다.

토다 원장이 회장으로 있는 일본 YGPA(Young General Practitioner Association)에서 주관하는 의과대 학생 교류 프로그램. 세 나라에서 의대생과 의사들이 모여 세미나, 문화 교류, 스포츠 활동을 함께 했다. 내 평생 그렇게 많은 의사, 의대생들과 함께할 일이 또 있을까 할 정도로 많은 의사와 의대생이 한 자리 모였다.

일본 측에서는 스무 명의 의사들이 참여했다. 행사 진행과 세미나 강연, 비디오 촬영을 비롯한 모든 활동을 의사들이 진행했는데, 참으로 나에게는 신선한 충격이었다. 한국에서 의사는 왠지 권위의식이 느껴지는데, 일본 의사들에게는 그런 모습이 전혀 없었다. 의사들 한 명, 한 명이 타국에서 온 의대생들을 위해 헌신해 주었고, 함께 땀 흘리며 운동도 했다.

의대생 입장에서는 얼마나 좋았는지 2017년 참가생들이 2018년 참가생들을 위해 다음과 같은 활동 소개 글을 남겼다.

토다 원장이 회장인 일본 YGPA에서 주관하는 의과대 학생 교류 프로그램. 세 나라 의대생과 의사들이 세미나, 문화 교류, 스포츠 활동을 함께했다. 내 평생 이렇게 많은 의사, 의대생들과 함께할 일이 또 있을까 할 정도였다.

의예과 2학년 참가생 A

작년에 이 프로그램에 참여한 것은 제 대학 생활의 수많은 경험 중 무척 인상 깊은 경험이었습니다. 해외 의사 선생님들의 말씀을 일본에서, 그것도 다른 국적의 학생들과 함께 듣고 배웠던 경험은 오래도록 기억에 남았습니다. 외국 의료계와 사회 문화적 상황을 당사자들에게 직접 들으면서 많은 것을 배울 수 있었습니다. 여러 강연을 듣는 것과 함께 도쿄 명소 이곳저곳을 여행하는 것 역시 소중한 배움 중 하나였습니다.

행사를 통해 얻은 가장 소중한 자산이 하나 더 있습니다. 바로 평소에는 만날 기회가 없는 다양한 학교의 한국 의대생 친구들을 사귄 것입니다. 실제로 행사 이후에도 지금까지 만날 기회가 있으면 계속해서 만나 교류하고 있습니다. 같이 해외에서 숙박을 하며 여러 경험을 함께 한 만큼 더없는 친구 사이가 되었습니다.

이처럼 다양한 사람들과 함께 소중한 경험을 할 수 있는 기회, 여러분들이 주인공이 되어 꼭 잡으시길 바랍니다. 평소에 학교 강의실에서 배울 수 없는 색다른 가치를 느낄 수 있을 거라고 확신합니다.

의예과 2학년 참가생 B

의대생들이 공통적으로 고민하는 문제들과, 의사와 환자와의 관계 등에 대해 다양한 국가의 학생들이 모여서 토의하고 생각의 폭을 넓힐 수 있게 해 준 프로그램이었습니다. 현지에서 유명한 의료인들을 강사로 모셔서 생생한 경험담과 실질적인 조언을 듣고, 정형외과, 내과, 신경과 등 현지 병원에서 근무하는 다양한 과의 의사 선생님들과 질의응답하며 폭넓은 사고를 할 수 있었습니다.

향후 병원에서 근무하고, 의사로서 삶을 살아가야 할 우리가 어떤 마인드로 이 일에 임해야 하는지를 깊이 생각해 볼 수 있는 시간이었습니다. 더불어 자유 시간에는 디즈니랜드와 온천 등 친구들과 현지 관광을 할 수 있었던 것이 좋은 추억으로 남았습니다.

의예과 2학년 참가생 C

작년에 이 프로그램에서 참 많은 것을 배웠습니다. 단순히 일본과 대만 의대생과 의사 선생님들을 만나는 것을 넘어, 제가 어떻게 살아갈 것인지에 대해 많은 생각을 하도록 도와준 소중한 시간이었습니다. 그중에서도 제가 배운 것 중 가장 기억에 남는 것은 겸손과 소통입니다.

일본 정신과 전문의 선생님과 길게 대화를 나눴는데, 제가 우울증 환자에 대한 약물 치료 이야기를 꺼내자 선생님이 해 주신 인상 깊은 말씀이 있습니다. '중증 우울증의 경우에는 약물 치료를 많이 하지만, 정말 심각한 우울증 환자는 약물을 넘어 그 사람 인생 전반을 치료해 줘야 한다. 그렇게 하기 위해서는 그 사람과의 소통이 중요하다' 여태껏 세상이 교과서처럼 움직인다고 생각했던 제게 신선한 충격이었습니다. 무엇이든지 과학적으로 해석하려던 저에게는 어쩌면 의사가 되기 위한 '숲'을 보게 해 준 말씀이 아닌가 하는 생각이 들었습니다.

또 밤에는 친구들과 서로 캠프에서 배운 지식을 공유하고 같이 유익한 대화를 나눌 수 있었던 것도 큰 경험이었습니다. 이처럼 YGPA는 의대생으로서 겸손과 소통을 알려 준, 제게는 가장 중요한 기억입니다.

참여 후기를 통해서도 알 수 있듯이 토다 원장은 후배들의 성장을 위해 많은 노력을 하고 있다. YGPA는 동경과 오사카에서 재작년과 작년에 걸쳐 진행되었고, 1년에 한 번씩 진행되고 있다.

젊은 의대생들에게 의료의 본질, 의사가 갖추어야 할 여러 가지 태도와 자세에 대한 것을 깊이 생각할 수 있는 기회를 제공해 주었다. 많은 현직 의사가 진료 과정에서 배운 메시지와 개별 만남을 통해 각자에게 필요한 부분들을 하나씩 코치해 주었다.

첫 행사를 했을 때가 기억난다. 2일차 행사를 마치고, 토다 원장과 둘이서 차를 타고 이동하고 있었다. 그가 뭔가 기분 좋은 듯 나에게 갑작스러운 질문을 던졌다.

"영민 상, 기억나요?"

"뭐가요?"

"예전에 영민 상 집에서 저희가 나눈 대화 기억 안 나요?"

그때까지 나는 감을 잡지 못했다.

그가 말을 이어갔다.

"학교에서 진행하는 휴먼북 프로그램에 대해 얘기했었잖아요. 그때 제가 일본 의사 휴먼북들과 함께하는 프로그램을 꼭 한 번 해 보면 좋겠다고 했었는데, 기억 안 나요?"

그때서야 무슨 말을 하는지 생각이 났다. 학교에서 진행했던 휴먼북 영상과 사진을 보여주면서 나의 활동에 대해 설명해 주었을 때 그가 했던 말이 문득 떠올랐다.

"그때 우리가 대화했던 게 오늘 이루어졌잖아요."

지나가는 말로 편하게 나눴던 대화였는데, 그의 말을 듣고 보니 이번 의대생 교류를 통해 그 말이 정말 이루어진 것이었다. 서로 너무 신기하다며 오랫 동안 대화를 나눴다. 하려고 해도 안 되는 일이 있고, 우연 같지만 너무 쉽게 되는 일이 있다. 참 재미난 인생이다.

그가 운영하는 병원을 찾는 환자들은 하루에 이백 명 정도란다. 바쁜 병원 운영 중에도 어떻게 그런 다양한 일들을 할 수 있는지 그의 열정이 궁금했다. 올 봄에는 마라톤 대회도 출전했다고 하니 놀랍기만 하다. 토다 원장은 어릴 때부터 육상부였으며 의대생 시절에도 육상부에서 활동했던 달리기 마니아다. 요즘은 병원 일이 바빠 자주 운동을 못하지만, 일주일에 두 번은 꼭 4Km 이상 뛰려고 노력한다고 했다.

그가 의사가 되기로 결심했던 사연을 들었던 게 기억난다. 그의 아버지도 훌륭한 의사여서 환자들에게 도움을 주는 아버지의 모습을 통해 늘 의사라는 직업에 관심이 있었다고 한다. 그런데 본인이 고등학교 때, 크게 다치는 경험을 하면서 확실히 자신이 가야할 길을 정했다고 했다.

큰 사고를 당했고, 의사들은 고칠 수 없다고 했던 상황이었던 모양이다. 하지만 정말 다행스럽게도 수술이 성공적으로 끝나서 회복하게 되었다. 그 사건이 계기가 되었던 것이다.

고통을 직접 겪어 보니 이렇게 고통을 당하는 사람들의 문제를 해결해 줄 수 있는 의사가 꼭 되어야겠다고 결심한 그였다. 그가 왜 그렇게 고통당하는 환자들을 위해 자신을 희생하는지 그가 의사가 된 사연을 듣고 보니 조금이나마 이해할 수 있었다.

그는 요즘 병원에서 환자들과 어떻게 하면 더 소통할 수 있을지에 대해 고민을 많이 한다. 치료가 필요한 사람도 많지만, 인생에 대한 큰 힘과 용기를 필요로 하는 사람들이 많다는 것을 느꼈다. 그들에게 어떻게 힘을 줄 수 있을지를 고민하다 예술을 통해 소통하며 힘을 주고 싶다는 생각에 이르렀다.

그래서 병원 벽면에 그들에게 힘을 줄 수 있는 그림과 몇 가지 전시물을 설치하여 아트 갤러리를 열고, 환자들과 더 많은 대화를 하면서 그들의 몸과 마음 모두를 치료해 주고 있다. 환자의 마음까지 이해하고 치료하려는 그의 모습에서 의사로서의 진정성이 느껴졌다.

토다 원장은 꿈꾸는 의사다. 최첨단 의료 기술을 다루는 의사이기를 넘어서, 소외된 이웃들이나 사회적 약자들을 위해 더 큰 사랑을 실천하는 의사가 되고 싶어 한다. 또한 사람들에게 행복을 주고, 만족감을 주는 최고 병원을 만들고 싶다고 한다. 오늘도 다양한 분야에서 열심을 내는 그를 보니 그의 꿈은 멀지 않아 보인다.

늘 꿈을 향해 도전하는 그이기에 아이들도 그의 이야기에 더 크게 공감했다. 끊임없이 노력하고 발전하는 사람들의 에너지는 다른 이들에게 쉽게 전달된다. 청소년 시기에는 전해지는 힘이 더욱 강력하기에 한 사람 한 사람과의 만남이 그리도 귀하고 가치 있다.

일본 동경 여행 다이어리

2019년 1월에 동경으로 다녀온 휴먼북 교육 여행의 기록이다. '한 권의 휴먼북을 통해 다양한 휴먼북들을 만나고 나도 한 권의 휴먼북이 되자'라는 의미를 담은 여행이었다.

{ 첫째 날_마이크로버스 타고 동경 씨티 투어 }

공항에 도착하니 여행을 함께 해 줄 통역 다이스케와 토시로 상이 마중 나와 있었다. 이번 여행에서 함께 할 미치의 아버지 토시로 상이 한국의 25인승 중형버스 같이 생긴 마이크로버스를 직접 몰고 와 주었다. 그는 일본 전자 회사에서 무역 관련 업무를 하고 있는데, 이번 여행을 위해 회사에서 마이크로버스를 렌트해 직접 운전까지 해 주었다.

덕분에 무거운 캐리어를 끌지 않고 숙소까지 편하게 갈 수 있었다. 버스에서 일본 친구들에게 들려주기 위해 준비한 일본어 노래를 같이 부르니, 토시로 상이 재밌어했다.

이번 교류에는 미치와 미치의 학교 친구들인 레이, 하루키, 하루타가 함께 하기로 했다. 버스에서 일본 친구들이 준비한 간식 선물을 받았다. 포장마다 손 글씨로 '일본에 오신 것을 환영해요'라고 적혀 있었는데, 삐뚤빼뚤한 손 글씨가 너무나도 귀엽고 사랑스러웠다. 작은 선물까지도 신경 써서 준비한 일본 친구들의 세심한 정성에 아이들은 무척이나 고마워했고 큰 감동으로 다가왔다.

이번 여행에서 아이들에게 여러 가지 미션이 주어졌다. 그중 하나가 멀리까지 왔으니 현지인을 직접 인터뷰 해 보기로 한 것이다. 하라주쿠에는 사람이 많으니 첫 도전을 해 보기로 했다. 교복을 입고 옷가게에서 구경하고 있는 한 일본 학생이 눈에 띄었다. 막상 말을 걸려고 하니 망설여졌지만, 통역 다이스케의 도움으로 준영이가 먼저 말을 걸었다.

"저희는 한국에서 온 중학생들입니다. 실례가 되지 않는다면 저희와 잠시 인터뷰해 줄 수 있나요?"

"네. 재밌을 것 같아요."

"어디에서 왔나요?"

"저는 규슈에서 수학여행을 왔어요."

이곳 지역 학생이 아닌 멀리서 온 학생이었다.

이번 여행에서 아이들에게 여러 미션이 주어졌다. 그중 현지인 인터뷰. 하라주쿠에서의 첫 도전이었다.

"한국에 대해서 알고 있는 게 있나요?"

"친구들과 한국 음악을 자주 들어요. 특히 트와이스를 좋아해요. 한국에 가서 트와이스 공연을 직접 보고 싶어요."

첫 인터뷰부터 느낌이 좋았다. 한국을 좋아하는 고등학생이었다.

"그럼 혹시 한국에서 온 저희들에게 일본 음식 중 추천해 주고 싶은 것이 있나요?"

"일본에는 라멘이 종류별로 다양하게 있으니 꼭 먹어 보세요."

"네, 감사합니다."

몇 마디 나누다 보니, 친구들이 와서 가야 한다고 하는 바람에 아쉽게 헤어졌지만 첫 인터뷰는 성공적이었다.

용기를 내니, 여행의 새로운 재미가 더해지는 순간이었다. 준영이를 보는 친구들의 시선이 달라졌다. 낯선 환경에서 새롭게 시도한 작은 도전이 아이들에게는 큰 성장의 시작점이 되기도 한다. 인터뷰 미션을 통해 다른 문화권의 사람들과 보다 쉽게 소통하는 법을 배우게 되었다.

첫째 날 만나게 될 휴먼북은 정형외과를 운영하는 토다 원장이었다. 병원에 가기 전 저녁 식사 초대를 받은 곳은 이탈리아 레스토랑이었다. 여행 첫날의 설렘과 배불리 먹고 난 포만감이 어우러져 아이들의 표정은 어느 때보다 밝았다.

각 테이블마다 일본 친구들이 한 명씩 같이 앉아서 대화를 나누게 하였는데, 힘겹게 대화를 이어갔다. 영어를 써도 어렵고, 일본어는 더 모르겠고. 언어의 장벽을 넘기 위해 온몸으로 허우적대는 아이도 있었다. 한국어를 배우고 있는 일본 아이들이었지만 아직 대화는 쉽지 않았다. 한마디 한마디 대화할 때마다 번역기를 돌려야 하는 것에 답답해 하기도 했지만, 이게 외국 친구들과 교류하는 맛이 아닐까?

하루키가 가방에서 노트 한 권을 꺼냈다. 한국어 공부를 하면서 쓰는 노트였다. 한국어와 일본어로 가득 채워진 노트를 보니, 하루키가 한국어 공부를 얼마나 열심히 하고 있는지 알 수 있었다. 한국어가 적혀 있는 문장들을 하나씩 찾아가면서 따라 써 보려는 하루키가 정말 귀여웠다. 일본에 있는 동안 일상 회화 스무 개는 꼭 외워야겠다며 윤동이가 하루키 노트를 보며 받아 적고 있었다. 외국에서 만난 또래 친구를 통해 외국어 공부에 단단히 자극을 받은 모양이다.

식사 후 찾아간 병원에서 만난 토다 원장은 이제 막 마지막 환자 진료를 마치고 나서인지 피곤한 기색이 역력했다. 하지만 한국에서 온 아이들을 위해 기꺼이 시간을 내어 주면서 그의 스토리를 재미있게 들려주었다.

육상 선수로 활동하며 의대 공부를 하던 시절의 에피소드, 대학원을 다니다가 병원 개원을 하게 된 사연, 의대 후배들과 함께하는 음악 활동 등 의사로서는 특이하게도 참으로 다양한 일을 하고 있는 그의 이

하루키가 가방에 꺼낸 한국어 공부 노트. 한국어와 일본어로 가득 채워진 노트를 보니, 하루키가 얼마나 열심히 한국어 공부를 하는지 알 수 있었다.

야기에 아이들은 점점 빨려 들어갔다.

환자와 소통하기 위해서 노력하고, 더 좋은 기술을 연마하려고 의사가 되기 전보다 병원을 운영하면서 더 많이 공부하고 연구한다는 토다 원장. 사랑하는 자를 돌보듯 환자를 대한다는 그를 보며, 젊은 의사인데도 왠지 모를 일본 특유의 장인 정신이 느껴졌다.

토다 원장의 짧은 강연이 끝났고, 혹시 질문할 것이 없는지 물어보았다. 의사가 꿈인 민성이가 질문했다.

"의사로서 보람도 크겠지만 힘들 때는 없으세요?"

"오늘이 너무 힘들었어요. 농담이에요."

그가 말하길 작은 병원인데도 하루 평균 이백 명 정도 환자가 찾아온다고 한다. 그런데 그날은 이백 칠십 명이나 되는 환자를 진료하느라 평소보다 늦게까지 근무를 했다고 한다.

"힘들 때보다는 보람 있을 때가 더 많아요. 제가 공부하고 연구한 의학을 통해 아픈 사람들을 진료해 줄 수 있다는 것은 정말 보람된 일이에요. 여러분들도 누군가에게 도움이 되어준 적이 있을 거예요. 그 사람이 스스로 하기 힘든 일일수록 그 보람은 더 클 거예요. 저에게 오는 환자들은 크건 작건 다 제 도움이 필요한 분들이세요. 특히 제가 진료하는 정형외과라는 과목은 나이가 들면 누구나 뼈와 관절이 조금씩 고장이 나요. 그래서 연세가 많은 환자가 많이 찾아오세요. 그분들께 직접적으로 하나하나 도움을 드리다 보면 하루 진료 시간이 금방 지나가

육상 선수로서 의대생이던 시절의 에피소드, 대학원을 다니다가 병원 개원을 한 사연,
의대 후배들과 함께하는 음악 활동 등 의사로서는 이례적으로 다양한 활동을 하고 있었다.

요. 특별히 힘들다고 생각할 여유가 없는 것 같아요."

미래에 의사를 꿈꾸는 민성이에게 토다 원장과의 만남은, 꿈을 향한
길에서 만난 좋은 인연이 되었다.

{ 둘째 날_디즈니랜드 }

이번 여행에서 아이들이 가장 기대하며 기다렸던 날이다. 나도 설레
는데 아이들은 얼마나 신나고 기대될까? 어릴 적부터 디즈니랜드에 많
이 와 봤다는 미치와 레이는 한국 친구들에게 어떤 것부터 타면 좋을
지 추천해 주었다. 현지 전문가의 코치대로 인기 놀이기구를 먼저 예
약하고, 이곳저곳 다니며 빨리 탈 수 있는 것들을 최대한으로 탔다.

하루 종일 물 만난 물고기처럼 신나게 일본 친구들과 어울려 다니는
아이들을 보며 여행에 대해 다시 생각해 보았다. '진로 교육 여행이라
고 해서 진로 활동에 너무 치중해서는 안 된다. 특히 이번 여행에서 휴
먼북과의 만남을 강조하면 아이들은 재미없고 지칠 수도 있다. 하루
일정 중 확실히 배울 수 있는 하나의 포인트를 잡고, 그 부분 외에는 재
미있는 프로그램을 충분히 넣어줘야 한다. 너무 가르치려고 하기보다
는 재미있게 해 주자. 아이들은 놀면서 가장 많이 배운다.'

이곳에서 하루 종일 시간을 보냈는데도 하루가 짧게 느껴졌다. 아이

하루종일 일본 친구들과 어울리다 보니
많이 친해졌다. 역시 애들은 놀면서
친해진다. 어떤 교육보다 놀면서 어울리는
교류야말로 살아 있는 국제 교류
프로그램이 아닐까 생각했다.

와 어른, 그 누구라도 즐거움을 느낄 수 있도록 만들겠다는 생각에서 지어진 디즈니랜드인 만큼 모두 즐거운 하루였다. 그곳을 나오면서 월트 디즈니가 한 말이 생각났다. '만약 당신이 꿈을 꿀 수 있다면, 그것을 이룰 수 있다. 이 모든 것이 하나의 꿈과 한 마리의 쥐로 시작되었다는 것을 기억하라' 하나의 꿈과 한 마리의 쥐에서 시작된 일이 너무도 커져 버린 거대 왕국 디즈니. 일본 특유의 친절함과 깔끔함이 더해진 동경 디즈니랜드는 미국 문화를 일본에 잘 접목시킨 것 같았다.

하루 종일 일본 친구들과 함께 어울려서 다니다 보니, 서로가 많이 친해진 듯했다. 역시 애들은 놀면서 친해진다. '어떤 교육보다 신나게 놀면서 외국 친구들과 어울리는 교류야말로 살아 있는 국제 교류 프로그램이 아닐까' 하는 생각이 들었다.

숙소에서 아이들에게 하루를 정리하며 디즈니랜드와 관련하여 몇 마디 해 주었다.

"오늘 신나게 놀았던 디즈니랜드도 하나의 꿈과 한 마리의 쥐에서부터 시작되었어. 미키 마우스 알지? 마블 영화 한 번도 안 본 사람 있니? 마블 영화도 디즈니에 속한 회사에서 만들었어. 월트 디즈니라는 한 명의 창조적인 인물에서 시작한 일이 정말 엄청나지? 그도 꿈을 꾸고, 하나하나 노력했기에 이런 상상하지 못할 엄청난 일들을 해냈어. 너희들이 지금 가지고 있는 꿈을 절대 작다고 생각하며 안 돼. 그 작은 꿈에서 시작해 세상을 놀라게 할 일을 만들어 낼지도 모르잖아." 아이들이 디즈니랜드에서 신나게 놀았으니 뭔가 배워가는 게 있었으면 해서 한 마디 해 주었다. 한마디가 길어지면 아이들은 힘들어한다. 보고 듣고 경험했기에 한마디면 충분하다. 그래서 경험을 공유한 후의 교육은 간결하지만 강력하다. 여행은 분명히 배우는 게 있다. 무엇을 그 속에 넣어 주는지에 따라 아이들은 더욱 성장한다.

{   셋째 날_ 감사가 넘치는 식당   }

디즈니랜드에서 너무 무리 했는지 아침에 눈을 뜨기가 너무 힘들었다. 하지만 우리 일행을 초대해 주신 분이 있었기에 서둘러 준비를 마치고, 숙소를 나섰다. 오늘은 마이크로버스 대신 지하철로 이동했다. 이번 여행에서 처음 타는 지하철이다. 교통카드를 찍고 들어가는데 아이들이 웅성거렸다. '삑'하는 반응이 한국보다 좀 더 빠르단다. 작은 차이를 발견하고 또 신기함을 느끼는 아이들이다.

초대 받은 곳은 천황이 사는 궁인 고쿄 근처에 있는 일본식 가정식 식당이었다.

実身美. 열매, 몸, 아름다움. 일본어로 모두 '미' 라고 발음된다. 상미 식당 오오츠카 사장님께서 식당을 운영하면서 중요하다고 생각하는 순서로 적었단다.

實(열매) - 내용이 충실해야 한다.

身(몸) - 음식이 몸에 좋지 않아서는 안 된다.

美(아름다움) - 몸에 좋을 뿐 아니라 맛있고 아름다워야 한다.

열매처럼 속이 충실하고, 몸에 좋고, 아름답고 맛있는 식당. 멋진 철학이 담긴 식당이었다. 2002년도 오사카에서 문을 열고, 현재는 오사카 네 곳, 동경 한 곳, 오키나와 한 곳에서 운영 중이다. 우리가 방문한 동경 지점은 동경 역에서 가까운 번화가에 위치한 곳이었다. 통역을 해 준 다이스케가 그곳 사장님을 섭외해 주었다. 그곳을 운영하면서 배운 것들에 대한 이야기와 함께 식사를 준비해 주셨다. 회사가 밀집된 지역이라 점심 오픈 시간이 되면 손님이 많아서, 매우 바쁘다고 한다. 그래서 그 전에 조금 일찍 우리를 만나 주셨다. 바쁜 일정 가운데서도 한국에서 온 아이들을 위해 시간을 내어 주신 사장님께 무척 감사했다.

조미료 없는 식당, 매일 매일 달라지는 메뉴. 대가족의 식사를 준비한다는 마음으로 자연 재료를 쓰고, 반찬과 메인 요리를 통일해서 매일 매일 가족의 밥상처럼 메뉴가 다르단다. 그녀만의 건강한 식사를 지키는 원칙이 있어 보기 좋았다. 늘 감사한 마음으로 경영에 임한다는 말씀이 직원들과 식당 분위기에서도 물씬 느껴졌다.

그녀는 대학 졸업 후 직장 생활에 집중했다. 그러다가 과로해서인지 갑자기 건강이 나빠졌다고 한다. 건강을 회복하기 위해 건강한 음식에 관심을 가지게 되었다. 자신만의 건강을 챙기는 일로 끝나지 않고 식당을 통해 지금은 많은 사람의 건강에 작게나마 도움을 줄 수 있어 너무나도 감사하다고 했다.

'감사는 더 큰 감사를 낳는다'는 그녀의 인생철학과 그동안의 식당 경영을 통해 배운 것들을 들려주셨다. 아이들도 충분히 실천할 수 있는 작은 일상에서의 감사에 대한 이야기는 아이들에게도 부담 없고 좋았다. 그녀가 전해 준 메시지가 끝날 때쯤 점심 식사가 준비되었다.

오늘 메뉴는 찹쌀밥, 닭고기와 야채 볶음, 연두부, 샐러드, 나물 반찬 몇 가지, 그리고 미소된장국. 깔끔하고 정갈한 일본 가정집에서 차려 준 밥상 같았다. 음식이 담백하고 맛이 좋았다. 디저트로 나온 푸딩 맛도 일품이었다. 맛있는 식사와 함께, 사장님의 좋은 이야기도 들은 후 손님이 밀려오는 시간을 피해 다음 장소로 이동했다. 식당에서 나오면서 아이들에게 얘기했다.

"우리도 일본에 있으면서 하루 하나 감사한 일을 기록해 보면 어떨까?"

"전 맛있는 식사와 좋은 이야기 해 주신 오오츠카 사장님께 너무 감사해요." 반응이 빠른 준영이가 바로 감사 표현을 했다.

감사는 더 큰 감사를 낳는다는 그녀의 인생철학과 식당 경영을 통해 배운 것을 들려주셨다(위).
오늘 메뉴는 찹쌀밥, 닭고기와 야채 볶음, 연두부, 샐러드, 나물 반찬 몇몇 그리고 미소된장국. 깔끔하고 정갈한
일본 가정집 밥상 같았다(아래).

동경에서의 3일째 일정은 숙소에 돌아와서 여행 기록에 대한 정리를 같이하며 마무리했다. 대학생 팀장들과 각 팀 아이들은 각자 기록한 내용들을 하나로 모아서 하루 일정 기록표를 만들었다. 그림을 그려 넣기도 하고, 입장권을 붙여 넣기도 하며 다들 열심히 했다. 이런 활동을 혼자 하라고 하면 재미가 없을 텐데, 함께 하니 서로 기록한 내용도 공유하며 재밌어했다. 단체 여행이 때로는 서로의 상황도 맞춰 줘야 하고 힘들 때도 있지만, 이런 활동은 친구들이 많아야 할 수 있기에 이 시간이 너무도 귀하다.

아이들은 같은 곳을 갔다 왔는데도 중요하게 생각한 일이나 자세히 보게 된 일들이 서로 달랐다. 자신과 다른 관점에서 바라보는 친구들을 보면서 다양성에 대해서도 이해했다. 이런 기록을 통해 여행의 추억과 배움은 더욱 오래 남을 것이다. 그리고 성장할 것이다. 여행에서 만든 스토리를 가지고 글을 쓰는 것은 자연스럽게 이어지는 활동이다. 자연스럽고 재미있을 때 교육의 효과는 더욱 크게 나타난다. 여행에서 작은 기록의 연속들을 통해 아이들은 더욱 성장한다.

{ 넷째 날_생동감 있는 교류 }

여행 4일차, 세 번째 휴먼북을 만나기 전 일본 친구들과의 교류 시간

기록을 통해 여행의 추억과 배움은 오래 남을 것이다.
그리고 성장할 것이다. 여행 스토리로 글을 쓰는 것은 자연스럽게
이어지는 활동이다.

을 가졌다. 먼저 간단한 몸 풀기 게임을 진행했다. 서로 말은 다 통하지 않지만 손짓, 몸짓을 해 가며 게임을 하다 보니 허물없이 웃으며 더욱 친해질 수 있는 시간이 되었다. 이번 여행에 대한 소감을 편하게 발표하는 시간도 가졌다.

여행 첫날부터 여권을 잃어버렸다가 공항에서 겨우 찾았던 대양이부터 한마디 했다.

"여러분 여권은 꼭 잘 챙겨야해요!"

처음부터 아이들이 빵 터졌다. 일본 친구들도 통역으로 한 템포 늦게 그때 이야기를 자세히 듣고 나서 크게 웃는다. 대양이는 첫날 그런 일을 겪어서인지 여행 동안 스스로도 조심하려는 모습을 많이 보였다.

"전 디즈니랜드가 가장 재미있었어요. 한국에서 가 봤던 롯데월드, 에버랜드와는 분위기도 많이 다르고, 만화에서 본 캐릭터들로 꾸며져서 더 재밌었어요. 그런데 생각보다 스릴 넘치는 놀이기구들이 별로 없어 아쉬웠어요. 다음엔 미치가 얘기해 준 디즈니씨에 가보고 싶어요. 스릴 넘치는 놀이기구가 더 많다고 했거든요. 여행 동안 일본 친구들과 같이할 수 있어 정말 좋았어요. 꼭 한국에 초대하고 싶어요."

여행 동안 유난히 일본 친구들과 대화를 많이 했던 대양이다. 한국에 돌아와서도 SNS로 일본 친구들과 자주 연락하고 있다고 한다.

아이들에게 전문인 휴먼북을 만났을 때 어땠는지 물어보았다.

"애들아, 다이스케 형이 소개해 준 전문인들 만났을 때는 어땠어?"

"오오츠카 사장님 식당 음식을 먹으니 건강해진 느낌이 나고 좋았어요. 건강한 음식을 먹으면서 집에 계신 엄마와 꼭 그 식당에 같이 가 보고 싶다고 생각했어요. 저희 엄마가 야채 종류 음식을 좋아하시거든요. 그리고 사장님께서 해 주신 감사에 대한 이야기도 감동적이었어요. 이런 여행에 초대해 주신 많은 분께 감사해요. 저희 팀장 신범이 형에게도 감사해요."

진이가 어른스럽게 얘기를 한다.

"민성이는 토다 원장님 만나고 어땠어? 의사 되고 싶어 하잖아."

"정말 좋았어요. 그동안 한국에서도 의사 선생님과 따로 대화해 본 적이 없었어요. 그런데 일본에 와서 제가 되고 싶은 의사라는 직업에 대해 더 배우게 되어 진짜 좋았어요. 저도 토다 원장님처럼 꼭 환자를 사랑으로 치료해 주는 의사가 되고 싶어요. 공부도 더 열심히 할 거예요."

한 명 한 명 얘기를 듣다 보니, 표현은 서툴지만 다들 뭔가를 배운 것 같아 나 또한 보람이 느껴졌다.

아이들과 대화를 나누다 보니, 중년 여성 한 분이 들어오셨다. 다이스케의 초대로 아이들을 만나러 오신 일본 만화 작가님이셨다. 아이들은 아키하바라에서 피규어를 사면서 이번 여행에서 만날 만화 작가에

서로 말은 통하지 않지만 손짓, 몸짓으로 게임을 하면서 허물없이 친해질 수 있었다.

대해 많이들 궁금했다. 혹시『원피스』의 작가님이 오시는 게 아니냐며 서로 농담들을 하였다. 이번에 오신 분은 아이들의 기대와는 달리 일본 순정만화 작가님이셨다. 그쪽 장르에서는 유명하신 분인데, 아이들은 남자 아이들이라 본인 만화에 대해서 간단히 소개하셨다.

만화에 대한 이야기보다 창의성에 대한 특강처럼 대화가 진행되었다. 아이들이 어떤 직업을 가지든, 자기 일에 대한 집중력이 중요하고, 다양한 아이디어를 요구하는 시대 흐름에 맞추어 아이디어와 구상하는 법에 대해 자세히 설명해 주셨다.

"그림을 그리거나 음악을 만드는 등의 창작 작업에 깊이 빠지면 밥 생각도, 잠도 잊고 집중하게 돼요. 그럴 때 상상하지 못한 아이디어들이 솟아날 때가 많아요."

아이디어와 구상을 하는 방법에 대한 그녀의 말에 아이들의 표정이 굳어졌다. 밥과 잠을 가장 좋아하는 아이들에게 창작 작업을 이해하기란 아직 쉽지 않은 듯 보였다.

직접 몇 가지 그림을 그려 주면서 그림 공부하는 형원이에게 직접 코치해 주기도 했다. 그러면서 다음에는 작업실에도 놀러 오라고 하셨다. 형원이는 더 공부해서 꼭 찾아뵙겠다고 하며 신난 표정이다. 해외에서 만난 휴먼북을 통해 성장하는 아이들의 모습에 나도 흐뭇했다.

일본 친구들과의 교류와 만화 작가와의 미팅을 마치고 숙소로 돌아와서 마지막 날 저녁이 되었다. 그동안 팀별로 기록한 내용들을 다시 정리하는 시간을 가졌다. 정리된 내용들을 팀별로 발표했다. 대학생 팀장들의 소개로 팀원들이 한 명씩 돌아가면서 얘기를 했다.

신범 팀장의 팀 아이들이 먼저 시작했다.

"일본 사람들은 직업에 대한 자부심이 큰 것 같아요. 택시 기사들도 깔끔하게 양복을 차려입고 있었어요."

건이가 택시 기사들의 정복 차림에 대해 얘기를 한다.

"여기에서 무단 횡단하는 사람을 한 번도 본 적이 없어요. 그래서 저도 신호를 더 잘 지키게 된 것 같아요."

"일본은 질서의 나라예요. 줄을 설 때도 느꼈고, 거리에 쓰레기를 버리는 사람이 없어서 그렇게 생각했어요."

저마다 일본 사람들을 통해 배운 점들이 있나보다. 이야기가 시작되니 아이들은 며칠간 보고 들으면서 배운 점들을 잘도 얘기한다.

"지하철은 정말 복잡했어요. 한국처럼 1호선, 2호선 이렇게 되어 있지 않고, 이름이 헷갈리는 무슨 라인이라는 이름으로 적혀 있어서 더 어려웠던 것 같아요."

"일본어 시간에 공부를 좀 더 열심히 할 걸 하는 생각이 들었어요. 분명히 배운 것 같은데 기억이 잘 안 났어요. 이제 돌아가면 일본어 시간이 더 재밌을 것 같아요. 다음에는 하루키와 더 대화할 수 있도록 공부할 거예요."

아이들은 말은 안 해도 다 느낀다. 하지만 말을 할 때 서로 배운 점도 공유하고 더 크게 성장할 수 있다. 여행에서 서로 생각을 나누는 시간이 꼭 필요한 이유이다. 서로가 다른 관점에서 보고 들은 것들을 나누다 보면, 자신이 알지 못했던 것까지 깨달을 수 있기에 서로를 통해 아이들은 성장한다. 얘기를 나누다 보니 서로 하고 싶은 얘기들이 너무 많았다. 동경의 마지막 날 밤은 이야기꽃으로 밤을 지새웠다.

{ 다섯째 날_동경대학교 }

여행의 마지막 날이다. 토시로 상은 마지막 날 일정까지도 마이크로 버스로 이동을 도와주셨다. 무한 친절에 정말 감사했다. 짐을 다 정리한 후 버스에 싣고, 오전에 도착한 곳은 일본 최고 명문대로 꼽히는 동경대학교였다.

먼저 동경대학교 정문인 아카몬 앞에서 단체 사진 한 컷을 찍었다. 동경대 학생들이 입학하면 이곳에서 기념사진을 찍는단다. 일본 최고 명문대에 입학한 느낌으로 아이들과 추억을 남긴다. 아카몬은 일본의 국보로 지정되어 있다. 일본 역사에서 유명한 가문 저택에 세워진 문이었다고 하니 새롭게 보였다.

1877년에 세워진 유서 깊은 동경대학교는 캠퍼스가 다섯 곳으로 나누어져 있는데, 우리는 동경 시내에 있는 혼고 캠퍼스를 방문하였다.

다이스케의 소개로 오늘의 안내원 유미 상을 만났다. 유미 상은 이곳을 졸업하고, 현재는 국제 관계를 연구하는 공무원으로 재직 중이었는데, 우리들을 친절하게 안내해 주었다. 일본 내에서 동경대학교의 입지는 상상 이상이라고 했다. 동경대는 정치, 경제, 문화 등 일본 전반에 걸쳐 절대적인 인맥을 형성하고 있어, 일본을 이끌어 가는 학교란 자부심이 매우 강하다고 했다.

학교 곳곳을 둘러보면서 이곳에 합격하기 위해 얼마나 치열하게 공부했는지도 잠깐 들을 수 있었다. 교내를 걷다 보니, 큰 은행나무 가로수 길이 쭉 뻗어 있다. 산책하기에 좋았다.

가로수 길을 따라가는데, 학교 중앙에 있는 상징적인 건물인 '야스다 강당'이 눈에 들어왔다. 멋진 디자인의 건물이었는데, 그 모습에서 뭔지 모를 힘이 느껴졌다. 이곳은 일본에서 학생 운동이 한창이었던 시절의 역사를 간직하고 있다.

일본은 전쟁, 지진에 대비한 방공호가 곳곳에 있다. 야스다 강당 바로 앞 잔디 광장 아래에도 방공호가 있다. 현재는 학생 식당과 카페로 리모델링되어 사용되고 있었다. 동경대 학생이 된 기분으로 학생 식당에서 점심을 먹고 나오며 표현을 잘하는 건이가 한마디 했다.

"제가 가 본 식당 중 가장 멋진 것 같아요. 지하 동굴 속의 또 다른 세계에서 밥을 먹는 기분이에요."

외국에 나와서 아이들과 대학교를 방문한다면 한 번쯤 교내 식당에

대학 교정, 큰 은행나무 가로수 길이 쭉 뻗어 있어서 산책하기에 좋았다(위).
아이들은 저마다 셀카도 찍으며 한껏 대학생이 된 듯한 기분을 누린다(가운데).
외국의 대학교를 방문한다면 한 번쯤 교내 식당에서 밥을 먹는 것도 좋은 추억을
선물할 것이다(아래).

아카몬은 일본의 국보로 지정되어 있다. 동경대 학생들이 입학하면 이곳에서 기념사진을 찍는다(위).
대학교 중앙의 상징적인 건물 야스다 강당. 멋진 디자인의 건물이었는데, 뭔지 모를 힘이 느껴졌다.
이곳은 일본 학생 운동이 한창이었던 시절의 역사를 간직하고 있다(아래).

서 밥을 먹는 것도 해 볼 만한 일이다.

이곳에서도 길거리 인터뷰는 진행되었다. 경제학을 전공하는 동경대생과 꽤나 진지한 대화를 나누었다. 준영이가 짧은 만남이지만 이것도 인연이니 연락하며 지내고 싶다고 하니, 흔쾌히 SNS 아이디를 알려주었다. 일본 여행에서 동경대 형을 알게 되다니, 재미난 추억이다. 중학생 준영이가 고등학생이 되고 동경대가 얼마나 입학하기 힘든지를 실감하게 될 때쯤이면 오늘 만난 동경대생이 달리 보이겠지.

동경대를 나와서 공항에 가기 전 친구, 가족들을 위한 선물을 사기 위해 시부야의 '메가 돈키호테'로 갔다. 다양한 물품들이 한 곳에 있기에 일본으로 여행 가는 사람들이 많이 찾는 곳이다. 메가 돈키호테라서 그런지 일반 돈키호테보다 훨씬 컸다. 지하 1층부터 6층까지 매장이 넓어서 아이들이 쇼핑하기에 충분했다.

1층에 들어서자 아이들은 과자 코너로 가서 곤약젤리부터 몇 통씩 집어 든다. 일본에 오기 전 현지에서 무엇을 살지 찾아봤기에 필요한 것들을 잘도 골랐다. 부모님 드리겠다고 동전파스, 수면 안대를 사는 아이들도 있었다. 장난감을 사는 아이들도 있었는데 이럴 때 보면 덩치는 커도 어린 아이들이다.

모두들 물건을 다 샀는지 여권을 들고 면세 계산대 앞에서 줄을 서 있었다. 왜 줄이 긴 면세 계산대 앞에 줄을 서 있냐고 물으니 예상치 못한 답변이 날아왔다.

"오천 엔 이상 물건을 사면 면세를 받을 수 있어요. 일본 내에서 사용하지 않는다는 조건으로 소비세를 면제해 줘요."

"그런 걸 어떻게 알았니?"

"이건 기본이죠."

면세 할인에 대해 설명해 주는 명근이가 평소와 달라 보였다. 일본에 오기 전 팀원들과 사전 조사를 하면서, 돈키호테에 와서 살 추천 물품과 면세 받는 법에 대해 알게 되었단다.

이것이 바로 미리 배우고 오는 여행이구나 생각이 들었다. 작든 크든 여행 오기 전 관심을 가지고 뭐라도 하나 알고 오면 꼭 여행에서 도움이 된다. 3주 동안 사전 활동을 했던 게 아깝지 않았다. 약속 시간이 되니 물건들을 한가득 들고나온다. 이제 공항으로 갈 시간이었다. 4박 5일간 동경 여행을 마무리하고, 다시 한국으로 떠난다.

대양이는 공항까지 차로 태워 준 토시로 상에게 선물을 드렸다.

"토시로 상, 여행 동안 너무 감사했어요. 꼭 한국에 미치랑 놀러 오세요. 제가 한국 가이드 해 드릴게요."

미치랑 동갑내기인 대양이가 선물을 드리니 토시로 상도 무척 고마워했다. 부모님 선물을 사며 따로 사왔나 보다. 늘 어딜 가나 선물을 주고, 따뜻하게 도와주는 일본 사람들을 통해 자신도 많이 배웠단다.

공항까지 차로 태워 준 토시로 상에게 대양이는 직접 산 선물을 드린다.
"꼭 한국에 미치랑 놀러 오세요. 제가 가이드 해 드릴게요."

짧은 시간에도 아이들이 많이 컸다.

한국과 일본, 여러 가지 얽인 일이나 복잡한 문제들이 많다. 하지만 개별적으로 일본 사람들을 만나 보면 참으로 소박하고, 친절하며, 따뜻하다. 일본과 일본 사람들에 대한 좋은 추억이 스무 명의 아이들 덕분에 또 하나 생겼다.

{ 1석 2조 여행_ 최영빈 휴먼북 }

"저만 이번 여행에서 두 배로 얻은 것 같아요."

동경 여행에서 영빈이는 아빠와 함께 갈 수 있어 친구들보다 두 배나 더 얻었다고 했다. 친구들끼리만 가는 여행에 아빠가 함께 가서 불편하지 않았을까 했는데 오히려 아빠가 있어 더 좋았단다.

"아빠랑 같이 가서 돈도 안 들고 다녀도 되고, 친구들처럼 집에 안부 전화 안 해도 되니 훨씬 좋았는데요."

너스레를 떠는 폼이 역시 중학생이다. 영빈이는 다른 10대 또래에 비해 아빠와의 사이가 좋아보였다. '가장으로서의 권위를 내려놓고, 차라리 친구가 되자'라는 영빈이 아빠의 교육 철학이 영빈이게 좋은 영향을 준 듯하다.

"남자 아이들이 자라면서 아빠를 어려워하는 경향이 있어요. 그래서 저는 권위를 최대한 내려놓고 아들과 친구가 되려고 노력을 많이 해요. 그런 노력 때문인지 아들이 저를 많이 편하게 생각해요. 물론 너무 편하게 생각해서 좀 당황스러울 때도 있긴 하지만요. 한 번은 아들이 영화를 보러 간다기에 잘 다녀오라고 했는데. 먼저 저에게 같이 가겠느냐고 물어서 흐뭇했어요. 친구들과 있을 때도 아빠랑 함께 하는 걸 편하게 생각하니 기분이 좋았거든요. 물론 영화비를 내달라고 해서, 영화비 때문에 같이 가자고 한 건가 생각도 했었지만 기분이 나쁘지는 않았어요. 아빠가 그만큼 편하다는 거잖아요."

미소를 띠며 말하는 영빈이 아빠의 표현 속에 아들을 향한 사랑이 느껴졌다. 평소 사이가 좋은 부자지간이라 이번 여행 동안에도 많은 추억거리를 만들었다.

영빈이는 공항으로 마중 나온 통역 다이스케를 처음 봤을 때부터 친근한 느낌이 들었다고 했다. 5일 동안 친절하게 가이드와 통역을 해 준 다이스케 형이 어떻게 저렇게 한국어를 잘하고, 발음도 좋고, 한국 문화에 대해 잘 아는지 무척 존경스러웠단다. 그러면서 통역에 대해 관심을 많이 가지게 되었다고 한다.

"병원과 식당에서 전문가 분들의 얘기를 통역할 때는 바로 옆에서 동시통역하는 걸 봐서 많이 신기했어요. 어떻게 바로 바로 통역을 하는지 대단하더라고요."

영빈이는 이번 여행을 통해 통역가의 꿈을 꾸게 되었다.

"저도 다이스케 형처럼 통역을 해 보고 싶어요. 일본어도 재미있을 것 같은데, 먼저는 영어부터 더 열심히 해 보려고요."

여행을 통해 새로운 직업에 대한 꿈을 꾸게 되는 건 자연스러운 일이다. 영빈이의 꿈이 오래도록 지속되기를 바란다.

일본 친구들과의 추억 중, 어떤 것이 기억에 남는지 물었더니 망설임 없는 대답이 이어진다.

"일본 친구들과 같이 식당 갔을 때, 레이가 저희를 위해서 음식을 계속 주문해 줬어요. 본인도 처음 왔다고 했는데, 친절하게 설명을 잘 해 줬어요. 스시 먹는 방법에 대해서도 설명해 줬고요. 스시가 나오면 젓가락으로 밥알 위 생선만 잡아서 따로 와사비 간장에 찍어서 다시 밥알 위에 올려서 먹어야 맛있다고 했어요. 항상 스시를 통째로 간장에 찍다가 풍덩 빠뜨리곤 했는데, 레이 말처럼 하니까 더 먹기 편하고 맛도 좋았어요."

스시를 좋아하는 영빈이는 일본 친구의 노하우 전수가 기억에 남는가 보다. 일본 친구들만큼 한국 친구들과도 오랜 시간을 함께 지낼 수 있어서 너무 좋았단다.

"한국에서는 친구들과 어울려 놀 시간이 많이 없었어요. 이번 여행을 통해 잠도 같이 자고, 하루 종일 같이 있다 보니 재미난 일들도 많아서 더 친해졌어요. 팀별로 같이 다니면서, 저녁에 각자 기록했던 수첩의 내용을 모아서 팀별로 하루 여행 기록을 완성해 나갈 때 친구들과 생각도 나눌 수 있고 좋았어요."

"일본 온천도 정말 좋았어요. 한국에 비해 규모도 크고요. 특히 한국에서는 가 보지 못했던 야외 온천이 기억에 남아요. 얼굴은 차가운데, 몸은 따뜻해서 머리가 맑아지는 느낌이 들었어요."

"디즈니랜드는 꼭 다시 가보고 싶어요."

디즈니랜드 이야기가 빠질 수 없는 걸 보면, 디즈니랜드가 있는 동경은 아이들에게 매력의 도시인 게 확실하다.

"다음에 일본 친구들이 한국에 오면, 제가 삼겹살을 사 주고 싶어요. 미치, 레이가 한국 삼겹살을 좋아한다고 했거든요."

벌써부터 한국에 초대할 생각을 하는 것 보면, 일본 친구와의 만남이 좋은 추억이 되었나보다. 계속해서 성장해 나갈 미래의 통역사 영빈이에게 응원의 박수를 보낸다.

{ 동경 리포터_문준영 휴먼북 }

"전 이제 어디 가서도 낯선 사람들에게 자신 있게 인터뷰 할 수 있을 것 같아요."

여행을 통해 자신감을 많이 얻은 모양이다. 중학교 2학년인 준영이는 항공 관련 업무를 하시는 아버지와 함께 프랑스, 독일 등 외국 여행을 많이 다녀왔다. 그 또래 남자아이들처럼 축구, 야구를 좋아하고, 야구장에 가서 응원하는 걸 유독 좋아한다.

이번 여행 동안 아이들에게 주어진 미션인 '거리에서 일본 현지인들에게 인터뷰 하기'를 가장 잘 수행했다. 어떤 일도 가장 먼저 하는 건 힘들다. 아무도 먼저 하겠다는 아이들이 없으면 억지로 시킬 수도 없어 좀 난감했었다. 그때 준영이가 먼저 해 보겠다고 자원을 했었다. 덕분에 프로그램을 준비한 대학생 팀장들도 힘이 났다.

하라주쿠에서의 첫 번째 인터뷰. 대학생 신범 팀장과 함께 준영이가 처음으로 교복 차림의 일본 학생에게 말을 걸었다. 짧았지만 첫 인터뷰는 성공적이었다. 좋아하는 한국 가수까지 물어보면서 여러 가지 대화를 잘 했다.

"처음이라 너무 떨렸어요. 친구들 앞에서 잘하고 싶었는데 떨리는 건 어쩔 수 없었네요. 신범이 형이 함께해 주고, 다이스케 형이 통역을 잘 해 줘서 할 수 있었어요. 과연 혼자였으면 할 수 있었을까 생각이 들어요. 한국어를 전혀 못하는 일본인과는 처음 대화를 해 봐서 저도 무척 재밌었어요. 막상 하고 나니 뭔가 모를 뿌듯한 느낌이 들어 좋았어요."

첫 인터뷰 후 준영이는 다른 친구들이 거리 인터뷰를 할 수 있도록 도와주기도 했다. 여행에서 시도해 보는 작은 미션이 아이들에게는 큰 추억을 준 모양이다. 쉽지 않은 일인데도 잘 해내는 준영이가 대견스러웠다.

여행 가기 전부터 준영이는 여행 준비에 적극적으로 참여했다.

"전 원래 계획 짜는 걸 좋아해요. 그래서 동경 가기 전 친구들이랑 신범이 형과 같이 여행 계획을 짤 때 정말 좋았어요. 어느 곳이 유명하고, 뭐가 맛있는지, 뭘 사면 좋을지 등 미리 조사하고 계획을 짜면서 일본에 대해 더 관심을 가지게 되었어요."

시부야 메가 돈키호테에서 무얼 사면 좋을지는 준영이가 조사를 했었다. 물건을 사러 가기 전 친구들 앞에서 꼭 사야 할 아이템에 대해 설명할 때도 기억에 남는단다.

"디즈니랜드는 규모가 정말 커서 진짜 좋았어요. 사람들도 많고 뭔지 모를 자유로움이 느껴졌어요. 일본 사람들이 대단하다고도 생각했어요. 한국에서는 줄을 서서 기다릴 때 '빨리빨리' 들어가고 싶다고 짜증내는 사람들도 있는데, 놀이기구를 타려고 기다리는 일본 사람들 중에서는 짜증내는 사람을 거의 못 봤어요. 서로 대화하면서 기다리는 모습이 놀라웠어요. 한국과 좀 다르다는 걸 그때 느꼈어요. 그리고 디즈니랜드에서 일본 친구들과 엄청 많은 놀이기구를 탈 수 있어서 정말 재밌었고요."

아이들은 그들의 시야에서 분명 많은 것을 보고 느낀다.

"저희를 초대해 주신 일본 가정식 식당 사장님께도 많이 배웠어요.

자기 이익만 챙기는 것이 아니라 다른 사람을 생각해서 음식을 만들어 주는 게 느껴졌어요. 야채가 많은 건강식이라 제 입에 딱 맞지는 않았지만 그래도 좋았어요. 저희를 초대해 주셨잖아요"

전문인 휴먼북을 통해 배운 점에 대해서도 잊지 않고 있었다. 일본인 친구들과 만나면서는 어땠는지 물어보았다.

"제가 일본어를 몰라 사실 좀 힘들었어요. 일본 친구들이 생각보다 한국어를 잘해서 어떻게 이렇게 배울 수 있었는지 물어보니, 저희들이 올 때 대화하고 싶어 열심히 배웠다고 말하는 것을 듣고 미안했어요. 저는 정말 인사말 정도만 배우고 갔었는데…. 다음에 다른 나라에 가게 되면 기본 회화 문장을 좀 더 많이 익히고 가야겠어요. 말은 잘 안 통해도 같이 어울려 놀 때는 생각보다 잘 통했어요."

백 번 외국어가 중요하다고 공부를 하라고 하는 것보다, 스스로 외국어의 필요성을 느끼게 해 주는 게 더 큰 자극이 된다.

이번에 함께 한 아이들은 일본에 대한 관심과 함께, 한국말을 배우고 있는 미치, 레이, 하루키, 하루타에게 큰 자극을 받았다. 물론 그 자극이 사라지기 전 옆에서 도와주는 건 어른들의 몫이다. 준영이는 또래 형들이 함께 간 것도 무척 좋았단다.

"저는 예전부터 한두 살 나이가 더 많은 형들과 잘 어울렸어요. 이번에는 대학생 신범이 형이 저와 친구들을 잘 도와줘서 정말 좋았어요. 늘 동생들 입장에서 이해해 주려는 형을 통해서 배운 것도 많고, 대화도 잘 되어서 이번 여행이 더 좋았어요. 형이 한국 돌아가면 미국으로 유학을 간다고 해서 형이 왜 유학을 가게 되었는지에 대해서도 들었어요. 저도 기회가 되면 더 큰 세계로 나가서 많이 배우고 싶어요."

대학생 멘토들을 통해서도 아이들은 생각의 폭을 넓혔다.

"일본은 거리에 쓰레기가 거의 없다는 게 정말 신기했어요. 거리를 다니면서 담배 피우는 사람을 한 번도 못 봤어요. 그리고 인터뷰를 할 때도 웃어 주면서 다들 친절하게 대해 주셨어요. 다른 사람에게 매너를 잘 지켜 주는 것 같아 배울 점이라고 생각했어요."라고 이야기하며 일본에 대해서도 많이 배웠다고 했다.

가족들과의 여행과는 또 다른 여행이었다며 친구들과 한 번 더 여행을 가고 싶다고 한다. 친구들이 함께 가서 좋았고, 여행을 도와주는 신범이 형과 다이스케 형이 많은 사람을 소개해 준 덕택에 많이 배웠단다. 여행은 준영이를 한 뼘 이상 성장시켰다.

내가 휴먼북 되기

{ 여행 후 변화에 대하여 }

걸을 때는 느껴지지 않던 공기도 달리면 바람이 되어 불어온다. 학교와 학원 그리고 집을 걸어 다니며 평소 느끼지 못했던 것을 동경에서 여러 사람들을 만나고, 다양한 문화를 체험하면서 확실히 느꼈다. 용기를 낸 도전은 그들에게도 변화의 바람이 되어 불어왔다.

먼저 윤동이의 이야기이다. 귀국 당일 밤을 새워서 아들과 대화를 했다고, 무척 기뻐하시면서 윤동이 어머니께서 장문의 감사 메시지를 보내 주셨다. 또래에 비해 덩치도 크고 성숙한 편이라 평소 어머니와는 대화를 잘 하지 않던 아들이었다. 그런 아들이 여행에서 돌아오자마자 여행 동안 기록한 수첩을 꺼내서 그곳에서 있었던 일들을 이야기하기 시작했다. 어머니가 알지 못하는 일본에 대해 자기는 알고 있다는 뭔지 모를 자신감과 자부심으로 가득 찬 아들이 너무도 귀여웠다고 하셨다. 일본 가정식 식당을 운영하는 사장님 스토리도 무척 감동적이었고, 디즈니랜드에서도 재밌었다고 했다.

"이번 여행의 점수가 몇 점이었는지 맞춰보실래요?"

"글쎄, 몇 점이니?"

"이번 여행은 90점이에요."

"왜 100점은 아니었니?"

"10점은 제가 여행에 대해 미리 더 준비하지 못해서 깎였어요. 다음 여행은 제가 더 관심 가지고 미리부터 준비해서, 100점짜리 여행을 만들고 싶어요."

아들의 성장에 어머니의 마음도 흐뭇했으리라.

짧은 여행이 모자간에 부족했던 대화의 문을 다시 열어 주었다. 용돈을 아껴서 어머니께 일본 녹차 선물도 해 드린 윤동이. 윤동이 어머니께서는 세계에서 가장 맛있는 녹차를 윤동이에게 받았다며 아이처럼 기뻐하셨다. 아이들의 새로운 경험은 그들뿐 아니라 주변에도 좋은 영향을 미친다.

이번에는 동경 여행 중 본인이 꿈꾸던 직업인을 만난 형원이의 이야기다. 형원이는 미술 공부를 하면서 그림 그리는 것과 관련된 일을 하고 싶어 하는 고등학교 1학년 학생이다. 이번 여행에서 만나게 될 전문인 리스트에 만화가 한 분이 계시다는 것에 흥분하며 여행을 준비했다. 학원에서 그린 본인 그림들도 몇 점 챙기고, 그동안 그렸던 것들을 휴대폰에도 잘 담아왔다. 그런 기대와 정성을 들여서인지 만화 작가의 코치가 매우 크게 와닿았단다.

한국에서 그렸던 그림들을 보시고 '만화의 느낌은 아니지만, 이렇게 기본 그림을 자꾸 그리면, 만화를 그릴 때 큰 도움이 된다'라고 하셨다. 한국도 만화가 많이 발전했지만, 일본은 다양한 장르의 만화와 디자인 활동들이 있으니 일본 관련 공부도 하면 좋겠다고 조언을 했더니 지금도 일본 만화를 보면서 일본어 공부를 하고 있다고 대답했다. 더 공부해서 일본으로 유학을 가겠다는 목표까지 얘기를 했다.

아이들이 여행을 통해 변화되는 건 분명하다. 그 변화를 얼마만큼 확실하게 이끌어 내는지가 중요한 일이다. 더 많은 생각을 하면서 여행을 할 수 있도록 도와주자. 그리고 여행 후에도 지속적인 관심을 가져주고, 그때의 감동들이 이어질 수 있도록 연속된 활동들을 함께 해 주면, 아이들은 더 크게 그리고 더 많이 변화할 것이다.

{ 동경 휴먼북들의 공통점 세 가지 }

어떤 일을 하든지 거기에 해당하는 최소한의 시간이 필요하다. 아이들의 꿈이 자라기까지는 오죽 할까? 콩나물처럼 눈에 보이게 쑥쑥 자랐으면 좋겠지만, 현실은 그렇지 않다. 때로는 너무 더디어 보이기도 하고, 잘 보이지 않아 답답하게 느껴질 때도 있다. 한 번의 진로 활동으로 모두가 꿈을 찾을 수는 없다. 각자가 지닌 성장의 에너지와 자원이 다르기에 그것에 맞게 기다려 줘야 한다.

성장을 위해 그들과 함께하는 시간과 경험이 필요하다. 그래서 여행이 가지는 시간적 여유와 경험의 공유가 그렇게도 매력적인 것이다. 지난 동경 여행에서 만난 휴먼북들은 세 가지 공통점이 있었다. 그들의 스토리는 아이들에게 충분한 성장의 에너지를 제공해 주었다.

자신의 스토리를 나누고, 상대의 이야기를 들어줄 수 있는 '소통', 다른 사람에 대해 이해할 수 있는 '공감', 그리고 서로의 성장에 도움을 주고자 하는 '따뜻한 마음'이다. 동경 여행에서 만난 세 명의 전문인 휴먼북들은 이 세 가지 키워드가 너무 잘 맞았다.

사람을 통한 배움과 성장을 가장 크게 생각하는 여행이기에, 휴먼북 선정에 많은 고민을 한다. 마치 책을 읽을 때와 마찬가지다. 어떤 책을 읽어도 다 도움은 된다. 하지만 정말 인생책이라고 할 만큼 큰 울림과 감동을 주는 책은 잘 고르고 찾아야 한다. 그러다 만난 한 권의 책이 삶의 방향을 전환할 만큼 큰 영향을 주기도 한다.

사람을 만나는 것도 마찬가지다. 모든 사람은 각자의 스토리가 있고 자신과 다르기에 배울 점들이 있다. 하지만 인생책 같이 큰 감동을 주는 사람은 깊이 보고 또 봐서 찾아야 한다. 그렇게 찾은 사람 중 한 사람이 바로 오오츠카 사장이었다. 그녀의 지난 스토리와 현재의 모습은 참으로 배울 점이 많았다.

건강에 대해 유달리 관심을 가지는 사람들이 있다. 그들의 이야기를 들어보면 과거에 몸이 아팠던 사연들이 있는 경우가 많다. 앞에서 잠깐 이야기했다시피 이번에 방문했던 상미식당 오오츠카 사장도 그러했다.

그녀는 대학 졸업 후 회사 생활을 정말로 열심히 했는데, 직장에서 너무 과로한 나머지 건강이 매우 나빠졌다. '어떤 일이 잘 안 돼서 쓰러지고 넘어졌다고 실패한 것은 아니다. 일어나느냐, 못 일어나느냐. 또 얼마나 빨리 일어나느냐가 중요하다.' 그녀를 일으켜 준 한마디였단다.

그녀는 스스로의 건강을 회복하기 위해 운동하고 음식에 대해 관심을 가지게 되었다. 건강을 찾게 해 준 식단을 다른 사람들에게 알려 주고 싶어 식당을 시작했다. 그게 벌써 16년이 되었다. 이제는 오사카, 오키나와, 동경 총 여섯 곳의 지점을 운영하고 있다. 두 명에서 시작해 지금은 직원이 서른 배나 늘었다고 한다. 젊은 여자 사장인 걸 감안하면 대단한 성과다.

그녀에게 경영철학을 물었다.

"사랑하는 가족, 친구가 먹는다고 생각하고 만들어요. 가족들의 건강을 책임진다는 생각으로 요리하고 있어요."

여기까지는 어느 식당 주인들도 많이 하는 이야기로 들린다. 하지만 그녀의 행동은 남달랐다. 집에서 가족들이 먹는 식사는 매일 다르다. 어머니께서 필요한 영양소를 위해서 날마다 다른 음식을 하듯 이곳 상미식당도 매일 메뉴가 다르다.

식당의 그날 메인 메뉴는 한 가지다. 그래서 버리는 게 하나도 없고, 매일 신선하게 집에서 먹는 밥과 같이 건강하게 먹을 수 있다. 대식구가 사는 집에서 매일 가족들이 먹을 식사를 준비하듯 식당을 운영한다. 그리고 집밥처럼 화학조미료 하나 쓰지 않는다. 참 건강한 식당이다.

'조금의 차이가 큰 차이를 만듭니다'라고 했던가? 그런 작은 섬세함과 사랑 때문인지, 작년과 재작년에는 일본 전체 소스 대회에서 그랑프리 1등을 수상했다. 전국에서 출품된 4,700개 상품 중 1등을 했다. 작은 차이를 만드는 세밀한 구상에서부터 시작해 좋은 결과를 낳은 것이다.

"지금 여러분이 드시는 샐러드 소스가 1등 상을 받은 거예요."

그 말을 듣고 나니 샐러드가 더욱 맛있게 느껴진다.

"건강을 회복해서 감사하고, 좋은 음식으로 사람들 건강에 도움을 줄 수 있게 되어서 감사해요. 늘 어려운 사람들을 생각하고, 아픈 사람들을 생각하면서 그들을 도울 수 있음에 감사해요. 늘 감사하는 삶을 살다 보니, 더 크게 감사할 일들이 많이 생겨요."

그녀는 평소 철학이 '감사함을 잊지 않는다'라고 한다. 아이들에게 이야기하는 동안, 그녀의 얼굴에는 미소가 가득했다. 아이들도 그걸 느끼는지 평소 잘 먹지 않는 야채로 가득한 반찬을 맛있게도 먹었다.

"귀한 것을 아는 자는 많이 얻고 귀하게 쓰게 돼요. 누구든지 자기가 귀한 것을 모르면 성공을 못하죠. 자기 성공의 주인은 자신이에요. 자신이 그 얼마나 귀한 존재인지 깨달아야 해요. 그리고 더욱 귀하게 만들어 귀하게 쓰는 것이 중요하죠."

건강의 소중함을 통해 자신에 대해 더욱 많이 생각하게 되었고, 그로 인해 자신이 얼마나 소중한지를 알고 나니, 상대의 귀함도 알게 되었단다. 건강 식당 사장님다운 그녀의 말에 또 한 번 감동이 밀려온다.

그녀는 식당을 운영하면서 사람을 대함에 있어서 철학이 있었다.

"사람을 대할 때 그 거리는 호기심과 관심이 있는 위치에서 대하면 적당한 거 같아요. 대함도 적당하게, 거리도 적당하게요. 적당하다는 표현이 부정적인 의미로 표현하는 건 아니에요. 지나친 관심으로 부담을 주지 않고, 너무 무관심해서 정이 없어 보이지 않는 거리감을 말하는 거예요. 한 가족이라고 생각하고 오시는 손님들 음식을 준비하고, 같이 일하는 직원들과 지내면서 제가 내린 사람을 대함에 대한 생각이

에요."

아이들에게는 조금 어렵게 들릴지 모르겠지만 사람과의 호흡이 많은 경영자로서의 깊은 내공이 느껴졌다.

한 명의 휴먼북에게서 느끼고 배우는 일은 상상 이상이다. 각 분야 전문인들을 만나는 휴먼북 교육 여행이 주는 진로 성장의 가치, 삶에 대한 가치는 그들을 만나서 대화를 해 봐야 알 수 있다.

삶의 큰 울림을 주는 인생 최고의 휴먼북들을 찾고, 그들을 통해 배우고 성장하여 더 멋있는 휴먼북으로 세계를 빛낼 우리 아이들의 미래가 기대가 된다.

{ 미국 YFU 프로그램에 참가하다 }

국제 학생 교류단체 YFU(Youth For Understanding)는 휴먼북 교육 여행을 진행하면서 지인을 통해 소개 받았다. 제2차 세계대전 이후 패전국인 독일 학생들에게 배움의 기회를 주고자 미국에서 청소년 교환 프로그램을 시작했다. 지금은 전 세계 55개국 이상의 회원국들이 YFU의 국제 교환 학생 프로그램에 참여하고 있다.

YFU 프로그램으로 1년씩 해외 가정에서 홈스테이를 하며 현지 학교를 다녀온 청소년들의 이야기를 들었다. 고등학교 시절을 1년 간 해외

1년간 미국 유학을 마치고 한국으로 돌아오며 결심했다. 다시 돌아가 본격적인
교육을 받을 것이라고 말이다.

에서 체류한다는 게 쉬운 일만은 아니다. 도전했기에 많은 것을 배우고 돌아온 그들의 이야기를 들으며 '글로벌 마인드'라는 결실을 맺어가는 모습이 보였다. 귀국 후 현재 그들이 진행하고 이루고자 하는 목표는 모두 글로벌한 방향을 가지고 있었다.

휴먼북 교육 여행에 있어서 빼놓을 수 없는 것 중 하나가 이야기의 시작이 되는 '가이드 휴먼북'이다. 그들의 스토리, 그들 주변의 사람들, 그가 소개해 주는 장소. 이 세 가지를 충분히 갖춘 휴먼북들이 여행의 핵심이다.

그런 의미에서 YFU 프로그램을 다녀온 청소년들은 좋은 '가이드 휴먼북'의 자질이 보였다. 그들에겐 좌충우돌하며 해외에서 배운 경험과 스토리가 있었다. 그곳에서 만난 좋은 사람들도 있었다. 그리고 그들이 1년 간 지냈던 지역에서 찾은 그들만의 명소가 있었다. 휴먼북 교육 여행의 3요소가 잘 갖추어진 인재들이었다. 그들과 함께 앞으로 다양한 휴먼북 교육 여행이 펼쳐질 것이다.

첫 번째 가이드가 되어 준 YFU 프로그램 참여자인 이재권 학생의 이야기를 소개하려 한다. 그는 현재 미국 오클라호마주립대학교 회계학과 4학년에 재학 중이다.

서로 공유할 이야기가 많은 가족이 행복한 건 너무도 당연한 일이다. 하지만 현실의 가족들은 아빠 따로 엄마 따로 딸과 아들 모두가 각각인 경우가 더 많다. 특히 자녀들이 커 갈수록 더욱 소통의 부재가 찾아온다. 그런 의미에서 이재권 학생의 가족은 무척이나 축복 받은 가족이었다. 이 가족은 YFU 프로그램을 통해 똘똘 뭉쳐진 가족이라고 하면 가장 잘 어울려 보인다.

커다란 세상에서 자란 큰 생각

이재권

먼저 미국에서 고등학교를 다니고 돌아온 누나에게 자극을 받고 미국행을 결심하게 되었다. 미국에서 처음으로 갔던 지역은 백인이 적고, 흑인이 80% 이상인 흑인 밀집 지역이었다. 열다섯 명이었던 반에는 백인 친구 세 명을 빼고는 모두가 흑인이었다. 그중 한 명은 히스패닉 친구였다. 미국에 오면 당연히 백인 친구들과 공부하고 지낼 거라는 생각이 확실하게 깨졌다. 처음에는 흑인 친구들과 공부하는 것에 대한 부담감이 있었는데, 오히려 부모님은 그런 것을 두려워해서 어떻게 사회에서 생활을 잘하겠냐며 오히려 더욱 개방적으로 말씀하셨다.

내가 지냈던 홈스테이 가정은 아프리카 케냐에서 이민 오신 분들이라 미국적인 삶보다는 아프리카적 삶이 좀 더 깊게 박혀 있던 분들이었다. 덕분에 미국 현지 삶도 경험하고 아프리카를 직접 가 보지 않고 아프리카 문화에 대해서도 많은 경험을 할 수 있었다. 이런 다양한 문화적 배경과 경험 덕분에 더욱 빨리 더 큰 세상으로 나아가는 기회가 되었다. 늘 한국에서 보던 한국 친구들이 아닌 백인, 히스패닉 특히 많은 흑인 친구들과 생활하면서 그동안 가지고 있던 인종에 대한 편견부터가 확실히 깨졌다.

고등학교 1학년 유학생 삶은 어느 하나 쉽지 않았다. 처음에는 모든 게 낯설기만 했다. 방과 후 더 바쁘게 다녀야 하는 학원, 과외가 없었기에 학교 정규 수업을 마치고 난 뒤 처음에는 많은 시간을 방에서만 지냈다. 한 달이 지났을까? '내가 이러려고 부모님, 친구들을 떠나 이 먼 미국 땅에 왔나?' 깊이 생각하게 되었다. 멀리서 응원해 주는 부모님의 얼굴이 자꾸 떠올랐다. 계속 이렇게 지내다가는 주변 사람들과 멀어지고, 친구도 사귀지 못하다가 시간이 지나 한국에 돌아간다면 부모님께 너무 죄송할 것 같았다. 마음 한 구석에서 꿈틀대는 용기가 생겼다.

스스로 변화해 보기로 했다. 어떻게 해야 할지 몰라 먼저 호스트 부모님께 도움을 요청했다. 상황을 들으시고 학교 스포츠 클럽에 가입해 보라고 권유해 주셨다. 지푸라기라도 잡는 심정으로 학교 축구 클럽에 가입했다. 기대 이상의 일들이 순식간에 일어났다. 원래 운동을 좋아했던 터라 친구들과 몸을 부딪치며 운동하다 보니 쉽게 친해졌고, 영어로 뭔가 표현하고 싶어 영어 공부에도 집중하게 되었다.

한 달이 지난 후 영어 실력도 부쩍 늘고 주변에는 친구들도 많아졌다. 집에서는 호스트 부모님과도 자주 대화를 하게 되었다. 이후로 학교생활도 적극적으로 참여하면서 성적 우수 장학생에 뽑히기도 하였다. 미국에서의 다양한 체험과 학습 덕분에 자신감뿐만 아니라 우물 안 개구리의 삶으로부터 벗어날 수도 있었고, 언어 공부에 대한 확고한 신념 또한 생기게 되었다.

1년 간의 유학 생활을 마치고 한국으로 돌아오며 결심했다. '미국에 다시 돌아가 본격적인 교육을 받을 것이다!'라고 말이다. 항상 마음속에 담아 두면서 꿈을 키워 나갔다. 꿈을 이루는데 부모님께서도 많이 도와주셨다. 한국에 돌아와서 고등학교를 다닐 때, 부모님께서 캐나다 학생을 홈스테이로 받아 주셨다. 1년 간 같은 고등학교를 다니면서 캐나다에서 온 케빈을 통해 영어를 잊지 않고 계속해서 쓸 수 있게 되었고, 미국 유학 준비도 도움을 받게 되었다.

부모님은 이후에 아들과 딸이 받은 홈스테이의 혜택을 필리핀, 일본, 태국 학생들에게 제공해 주셨다. 미국 대학 입학은 YFU 미국 대학교 프로그램을 통해서 이루어졌다. 미국 캔자스 주에서 커뮤니티 컬리지 2년 과정에 들어가게 되었고, 2년 뒤인 2016년 오클라호마주립대학교 회계학과에 편입하여 지금까지 공부하고 있다.

사람이 한 번 하기가 힘들지 일단 시작만 하면 어디에서 그런 힘이 나는지 계속하게 된다. 이러한 타지에서의 경험이 토대가 되었던 걸까? 갑자기 '다른 무언가에 또 도전하고 싶다'라는 모험심이 생겨서 해병대에 자원입대하여 작년 7월에 건강하게 전역하였다.

'고생과 모험은 내 자신을 끝없이 발전시키고 나를 죽이지 못하는 고통은 나를 더욱 더 강하게 만드는 것이다.'

20대 중반인 내게 커다란 세상에서의 경험이 큰 생각을 하도록 해 주었다. 남은 대학교 1년 과정을 성실히 마치고, 졸업 후에 미국 공인회계사 자격증 시험 (AICPA)을 준비하여 한국과 미국을 넘나드는 국제 공인 회계사가 되고 싶다. 앞으로 외국에서 일을 하고 생활할 때, 많은 사람이 한국에 관심을 가질 수 있도록 다양하게 한국을 소개하며 그들에게 한국을 알리려 한다.

현재 그는 YFU 프로그램에 대한 설명회가 있을 때 종종 참여해 경험담을 소개한다. 그의 소개에 따르면, 한국 YFU 프로그램은 학생 개개인의 성장에 잘 맞춰진 맞춤형 프로그램이다. 해외 유학을 떠나기 전 교육 시스템이 무척 좋다고 한다. 기본 교육 과정과 함께 각 학생이 유학 후 사회로 진출하는 일에 대해서도 철저히 교육을 해 준다고 했다.

다른 나라로 갔을 때, 그 나라 문화와 법에 충실하게 따라가면서 많이 배우기를 조언해 주었다. 본인도 그러한 교육을 받고 미국으로 가서 교육받은 대로 실천하니 미국 호스트 부모님들이 한국 학생들은 뭔가 다르다고 하시며 좋아하셨다고 한다. 모든 면에서 적극적으로 참여하니 이것저것 더 많이 도와주신 모양이었다.

호스트 부모님은 홈스테이를 했던 다른 나라 학생들은 이런 면에서는 조금 달라서 아쉬우셨다고 한다. 예를 들어 가족 행사에 참여해 줄 수 있는지 물으면 다른 나라 학생들은 대체로 거절한 모양이었다. 그런데 한국 학생들은 대부분 '초대해줘서 고맙다'고 하면서 초대에 적극적으로 응했다. '로마에 가면 로마법을 따르라'고 했던 교육 내용을 잘 따라가니 더 많은 기회가 주어졌다. 때로는 단호하게 'NO!' 하라고 가르쳐 주고, 뭔가 얻을 게 있거나, 배울 게 있는 상황에서는 아낌없이 개입하고, 참여하라고 교육한 것이 호스트 가족들과 관계를 돈독하게 하는데 매우 큰 영향을 주었다고 한다.

"우물 안 개구리처럼 매일 같은 틀에 박혀서 답답한 나날들을 보내지 말고, 자기 자신의 발전과 소중한 진로를 위해서, 다양한 기회에 도전해 보세요. 자기 개발에 아낌없이 투자를 할 수 있는 당당함과 도전 정신을 가졌으면 좋겠어요."

변화를 통해 성장하고 있는 그의 모습과 잘 어울린다. 국제 공인 회계사가 되어 세계를 향해 뛰고 달릴 그의 모습이 벌써부터 그려진다.

{   덴마크 YFU 프로그램에 참가하다   }

'누구에게 배움은 당연하게 주어지지만, 누구에게는 목숨을 걸어야 얻을 수 있다!' 르노 가레타가 쓴『세상에서 가장 먼 학교 가는 길』에 나오는 문장이다. 히말라야의 눈보라를 헤치고, 500m가 넘는 산을 넘고, 급류에 빠지고, 발을 헛디뎌 다치기도 하며 학교가 있는 카트만두까지 초등학생 다섯 명이 걸어가는 9일 간의 여정을 기록한 책이다.

학교 가는 길이 이렇게 힘든 데도, 더 나은 삶을 향한 기회를 위해 배움을 찾아가는 아이들의 이야기는 참으로 감동을 주었다. 덴마크에서 학교를 가던 첫날, 강민이에게 학교를 가는 여정은 아마도 책 속의 그들과 비슷한 심정이 아니었을까?

다음은 휴먼북 가이드가 되어 준 덴마크 YFU 프로그램 참여자 김강민 학생의 이야기다.

다양성을 체험하는 시간

김강민

호스트 어머니께 물었다.

"학교를 어떻게 가나요?"

"먼저 조금은 험하지만 자갈길을 가야한단다. 자전거를 타고 가면 크게 힘들지 않을 거야. 2km 정도 자전거를 타고 가면 버스 정류장이 나온단다. 학교 가는 시간에는 버스가 한 대 밖에 없어서 놓치면 기차를 타고 가야하니 꼭 시간을 잘 맞춰야 한단다." 학교 가던 첫날의 기억이 아직도 생생하다.

첫날 학교를 가는데 언젠가 보았던 〈학교 가는 길〉이라는 다큐멘터리가 떠올랐다. 물론 거기에 비할 바는 아니었지만 늘 코앞의 학교만 다녔기에 당황스러웠던 날이었다. 호스트 어머니 말대로 자전거를 타고 자갈길을 거쳐, 국도를 조금 달리다 보니 버스 정류장이 나왔다. 구덩이에 자전거를 던져두고 버스를 탔다. 길 건너편 마을로 향한 버스는 마을 곳곳에 정차해서 아이들을 태웠다. 골목을 나온 버스는 큰 마을로 향했고 거기서 애들을 또 태우고 조금 더 달리니 다른 버스 정류장에 도착했다. 거기서 버스를 갈아타고 다시 20분을 더 달려 드디어 학교 앞에 도착했다.

덴마크 골목 투어를 하는 느낌이 들며, 매일 학교를 이렇게 와야 하나 생각하니 조금은 막막했다. 하지만 그것도 버스를 탔을 때 일이었다. 한 대만 있던 아침 버스를 놓치면 기차를 타고 가서, 또 환승한 후 다른 기차를 타고 가야 했다.

돌아오는 길은 4시면 해가 지기 때문에 자전거 라이트를 켜고, 형광 조끼를 입은 채 자전거를 타고 집으로 돌아왔다. 가로등이 없어 어두운 길을 달렸다. 어느 날 뭔가 물컹거리는 느낌이 자전거 바퀴에서 느껴졌다. 잠시 자전거에서 내려 보니, '으악! 뱀이다!' 뒤도 돌아보지 않고, 얼른 자전거 페달을 밟았다. 덴마크 생활은 학교 가는 길부터 완전 새로운 생활이었다.

북유럽에 대한 동경을 가지고 있었기에 YFU 프로그램으로 참여가 가능한 북유럽 국가 중 덴마크를 선택하였다. 1년을 지냈던 보리스는 천여 명 정도가 살고 있는 덴마크의 작은 시골 마을이었다. 언제나 대도시에서만 살았기에 시골 생활 자체가 새로웠다. 심지어 지냈던 호스트 패밀리 가정은 반경 1km 안에는 이웃이 없는 농장 지역이었다.

저녁에 방에서 볼 수 있는 건 달빛과 별 밖에 없을 정도로 조용한 마을이었다. 밍크 농장을 운영하셨던 호스트 아버지를 도와드리고 시급을 받기도 했다. 덴마크는 열 살부터 작은 아르바이트를 시작할 정도로 각자가 자신의 커리어를 갖는 게 당연한 문화다. 친구들 중에는 포장지 접는 일을 하기도 하고, 수영 자격증을 따서 라이프가드를 하는 친구도 있었다. 어릴 때부터 다양한 일을 직접 해 보면서 자신의 적성을 찾아가는 모습이 참 부러웠다.

덴마크는 가족들과의 시간을 보내는 문화가 한국과 많이 달랐다. 각자의 삶이 너무도 바빠 같이 살면서도 얼굴 보기 힘든 한국 가족 문화와 달리, 저녁은 꼭 가족들과 같이 먹는 덴마크 문화가 처음에는 낯설었지만 지내다 보니 무척 좋은 문화였다. 고기 하나, 감자와 야채. 화려하지는 않았지만 늘 가족과 함께하는 저녁 식사였다.

수요일 저녁에는 가족들이 다 같이 모여 마루에 촛불을 켜고 영화 한 편을 보았다. 이게 바로 한국에서도 트렌드화 되었던 '휘게(hygge)'다. 휘게는 가능한 가장 편안하고 기분 좋은 상태로서의 생활 방식 개념으로 덴마크의 웰빙 용어다. 삶의 여유를 즐기고, 사랑하는 사람들과 함께하는 시간을 소중히 여기는 라이프 스타일이다.

덴마크에서의 1년 간 생활을 통해 가장 크게 바뀐 것은 삶의 여유에 대해 배운 것이다. 완벽주의 성격에 늘 뭔가를 하지 않고 가만히 있거나 놀면 불안했다. 휴식이라는 것에 대해서는 생각도 못했다. 하지만 덴마크에서의 삶을 통해 진짜 휴식이 뭔지를 알게 되었고, 휴식을 통해 더 큰 에너지가 생긴다는 것을 제대로 배웠다. 호스트 가족의 남매들과 대화를 많이 하면서, 매일 일기를 썼다. 그들과 대화를 하며 일기를 쓰다 보니, 자유롭게 생각하는 나 자신을 발견하게 되었다.

덴마크에서의 1년간 생활을 통해 가장 크게 바뀐 것은 삶의 여유에 대해 배운 것이다. 덴마크 삶을 통해 진짜
휴식이 뭔지를 알게 되었고, 휴식을 통해 더 큰 에너지가 생긴다는 것을 제대로 배웠다.

늘 앞만 보고 앞을 향해 달렸던 학교생활과는 참 다른 생활 속에서 미래를 준비하는 자세에 대해서도 새롭게 배웠다. 꿈이 뭔지, 하고 싶은 것이 뭔지 그런 것이 없으면 뭔가 뒤쳐진다고 생각했었다. 그런데 그들과 대화하다 보니 내게 오히려 그런 것을 왜 생각해야 하는지를 묻기에 조금 당황했다. 대학이 많지 않아 대학을 가는 게 일반적이지도 않고, 어린 시절부터 해 온 다양한 직업 활동을 통해 자신에게 맞는 일을 자연스럽게 찾아가고 있었다. 직업 학교 체계도 잘 되어 있어 원하면 얼마든지 다양하게 배울 수 있었다.

오히려 한국에서는 대학을 목표로 하고 와도 막상 자신에 대해 깊이 생각하지 못하고, 성적에 맞춘 학과나 진로 선택이 많아서, 혼란스러워하는 친구들을 많이 봤다. '그들이 절대 느린 게 아니구나'하는 생각이 들었다. 삶의 여유 속에서 스스로에 대해 많이 생각하고, 다양한 일을 통해서 자신을 발견하는 그들의 모습이 나 자신에게도 많은 생각의 전환을 가져다주었다.

귀국 후, 오랜 여행을 갔다가 현실로 돌아온 느낌이라 한국 학교 적응에 시간이 좀 걸릴 줄 알았는데, 하고 싶은 진로가 확실했기에 공부에 집중하기까지 오래 걸리지는 않았다. 나는 현재 연세대학교 정치외교학과에서 수학하며, 세계 곳곳을 다니면서 외교 업무와 여행을 하고 싶어 했던 어릴 적 꿈인 외교관을 향해 도전하고 있다.

다양성을 가진 국제 사회를 이해하는데 있어 덴마크에서의 1년은 많은 배움을 주었다. 덴마크 사람들은 서로를 코코넛이라고 불렀다. 자신들과 친해질 때 코코넛 껍질을 벗기는 것처럼 처음에는 어렵지만, 친해지고 나서는 코코넛 과육과 같이 부드럽다는 의미라고 했다.

1년의 학교생활 중 6개월은 언어 학교와 병행하며 매주 2일은 현지 고등학교, 3일은 언어 학교를 다녔다. 덴마크 교환 학생으로 간 입장에서 현지 친구들과 친해지기 어려워 아쉬웠다. 하지만 언어 학교에서 이탈리아, 멕시코, 시리아 등 세계 많은 나라 친구들과 소통하게 되었다.

YFU 프로그램이 운영되는 나라마다 정규 학교 수업 외에 언어 학교를 따로 다니게 하는 나라도 있고, 현지 학교만 다니며 방과 후에 언어 수업을 따로 진행하는 곳도 있다. 나중에 다른 유럽 친구들을 통해 알게 된 것인데 유럽 언어 중 특히나 덴마크어가 어렵다고 했다. 그 어려운 덴마크어를 배울 수 있는 기회를 가졌다는 점에서도 좋은 경험이었다. 하지만 수업 시간에는 못 알아듣는 말이 많아서 영어를 잘하는 친구들이 영어로 내용을 알려 주기도 했다. 덴마크 친구들은 대부분 영어를 잘해서 덴마크어보다 영어로 소통할 때가 더 많아 영어 실력도 꽤 늘었다.

1년 간의 유학 생활이 다양성을 이해하는데 많은 영향을 주었다. 한국에서 친구들과 대화하면 시야가 비슷한 것을 느끼는데, 덴마크 친구들과는 대화의 프레임 자체가 달랐다. 너무도 달랐던 문화 속에서 지냈던 그때의 경험을 통해 '당연한 게 당연한 게 아닐 수 있다'라는 것을 느꼈다.

'문화권이 다르면 그 사람이 다르게 생각하는 이유가 있구나'하는 생각을 하니 그들에 대한 이해의 폭이 확 넓어졌다.

YFU 프로그램으로 덴마크에서 1년 간 고등학교를 다녔던 김강민 학생. 한국과는 달라도 너무 달랐던 북유럽 작은 시골 마을에서 많은 것을 배우고 돌아온 후, '글로벌 인재'로 계속해서 성장해 나가고 있다. 더 큰 세계를 통해 성장하고자 도전했던 꿈 많은 고등학생이 이제는 대학생이 되어 세계를 누빌 외교관을 준비하고 있다. 글로벌 마인드를 충분히 가졌기에 외교관이 되어서도 한국을 대표해 좋은 역할을 많이 할 수 있으리라 믿는다.

다양한 유학원을 통한 해외 연수와 유학이 많지만 현지에 가 보면 유학원의 설명과 달라 낭패를 보는 사례를 종종 듣게 된다. 하지만 오랜 전통의 YFU는 큰 규모의 국제 단체여서 홈스테이와 학교 선정에 있어 나라마다 엄격한 기준을 가지고 있다. 기준에 맞는 가정과 학교를 선정하기에 현지 생활이 매우 안정적이다. 다녀온 학생들을 만나보니, YFU 프로그램은 그들의 성장에 참 많은 기회를 제공해 주었다.

해외여행이나 해외 연수를 갈 수 있는 기회는 많으니 다양하게 활용해 보자. 준비를 잘하고 가면 짧은 기간을 다녀와도 많은 배움을 얻을 수 있다. 1년이 부담된다면, 먼저 다녀온 그들과 함께 휴먼북 교육 여행을 떠나보자. 그들이 다녔던 학교를 방문해 보고, 그들이 머물던 홈스테이를 들러 가족들과 따뜻한 식사와 차 한 잔을 나눠보자. 그리고 가슴을 뛰게 하고 성장을 가져다 줄 확신이 든다면 도전해 보자. 찾고자 하는 자에게 기회는 반드시 온다.

휴먼북과 책 쓰기

{ 독서, 여행, 글쓰기 삼박자 }

안정적인 삶 대신 모험이 가득한 아시아 대륙 횡단 여행을 떠났던 휠러와 모린 휠러 부부. 6개월 뒤 지구 반 바퀴 돌아 호주의 한 해변에 도착했을 때 남은 건 단돈 27센트와 카메라 한 대. 여행을 사랑하고, 여행의 가치를 믿었기에 그들은 여행 경험을 책으로 만들었다.

그들은 어려움 속에서 놀라운 성공을 거뒀다. 오백여 종의 타이틀, 1억 권 이상의 판매 부수, 사백만여 명의 독자를 가진 여행자의 바이블로 불리며 세계적인 사랑을 받는 『론리 플래닛』이다.

인터넷에 다양한 여행 정보가 넘치는 시대이지만, 사람들은 여행 준비를 하면서 여행 책을 많이 본다. 꼭 여행 책이 아니더라도 여행에서 읽을 책 한 권을 가지고 떠나는 사람도 많다. 교통 발달을 통한 여행의 대중화와 함께, 존 머레이는『여행편람』(1838)을 통해 영국인들에게 유럽 대륙 여행을 안내했고, 카알 배르데커는 라인 강변 여행 안내서『라인란트』(1829)를 펴냈다. 여행 안내서는 다른 나라들의 이국적인 풍경, 새로운 문화에 대한 호기심을 키워 주었고, 대중들이 여행에 대해 보다 더 관심을 가지게 해 주었다.

'아는 만큼 보인다'는 말은 여행에 있어서 더욱 잘 적용되는 말이다. 여행 갈 곳에 관심을 가지고 어떤 곳인지, 어디를 중심으로 갈지, 그곳 문화와 사람들은 어떤지 등을 사전에 미리 알고 가면 그만큼 배우는 것이 많아진다.

여행과 연결하기 좋은 것이 독서다. 나가사키 지역은 일본 역사에서 매우 중요한 장소다. 한때는 나가사키 항이 일본에서 유일하게 열려있던 항구였고, 그곳을 통해서만 외국 문물들이 들어왔다. 그러한 역사적 배경을 사전에 독서를 통해 알고 간다면 보이는 것들이 다르다.

'사전 준비로서의 독서'만큼 중요한 것이 '사후 연구로서의 독서'이다. 여행을 다녀오기 전에는 아직 현장감이 떨어진다. 기대감으로 더 큰 관심을 가지고 다양한 것을 준비할 수는 있다.

그러나 여행지에 가서 보고, 듣고 난 후 감동을 가지고 그곳에 대해서 여러 자료들을 더 찾다 보면 그제서야 '아, 그곳이 이런 곳이구나!' 하고 더 많이 알게 되기도 한다. 미리 알지 못해서 제대로 보지 못한 아쉬움은 남는다. 그런 아쉬움을 독서로 채우고 더욱 많은 것들을 배운 뒤 다시 떠나면 더 풍성한 것을 보게 된다.

여행에 독서를 연결할 때는 책만 읽는다는 개념에서 벗어나 인문 사회학적으로 다양한 정보와 지식을 습득한다는 개념으로 확대해 보자. 특히 요즘은 온라인 자료들이 무척 다양하기에 이러한 것들도 사전 조사로서의 독서라고 하기에 부족함이 없다. 함께 가는 멤버들과 자료를 찾고, 정리해 보면서 사전 독서 자료(여행 자료집)를 만든다면 그것은 충분한 독서 활동이 될 수 있다.

여행의 사전 준비도 중요하지만 여행 후 마무리도 중요하다. 여행 후에는 사후 독서 자료집(여행 후기집)을 꼭 만들어 보자. 그것이 독서 기록이 되고, 여행 기록이 되어 각자의 성장에 도움을 줄 것이다.

독서, 여행 그리고 글쓰기 이 삼박자가 잘 맞춰지면 여행은 더욱 풍성해진다. 독서를 하고, 글을 쓰는 게 마냥 쉽지만은 않다. 특히 여행지에서 꼼꼼하게 기록하기가 훈련되거나 확실한 동기 없이는 더욱 어렵다. 하지만 해 보았을 때, 결과가 남았을 때의 만족감은 해 보지 않고서는 모른다.

동경 여행을 함께 했던 중학생들은 수첩에 각자 적은 기록들을 가지고 저녁에 팀별로 모여서 정리를 했다. 방문 장소, 교통편, 프로그램, 보고 배우고 느낀 것, 산 것, 다른 친구들을 위한 여행 팁 등을 기록했다. 피곤한 일정 가운데서 함께 모여 글을 정리하려니 처음에는 모두들 힘들어했다. 하지만 정리하며 결과를 만들고, 그 결과들을 팀별로 서로 발표하면서 더 잘하려고 노력하다 보니, 아이들은 여행에 점점 더 흥미를 찾아갔다.

무엇이든지 해 본 사람은 쉽다고 하고, 안 해 본 사람은 어렵다고 한다. 세상에 무슨 일이든지 조금 해 봐서 잘되는 일은 없다. 무슨 일이든 연습하고 자꾸 해 보면 잘할 수 있다. 어떤 일이든지 처음에는 어렵지만 배운 후에는 쉬운 것이다.

여행 가기 전 책을 읽어보자. 그리고 여행 가서 글을 써 보자. 자꾸 해 보면서 자신에게 숨겨져 있던 글솜씨도 발견하게 될 것이다. 혼자는 힘들지만, 함께 하면 쉽고 재밌다. 그래서 여행에 참여하는 아이들 모두에게 기록의 중요성과 글쓰기 준비를 사전에 충분히 지도한다.

당장 여행 작가처럼 글을 쓸 필요는 없다. 자신의 기록을 남기고, 생각을 하나씩 써 내려가 보자. 나도 모르게 자연스럽게 여행지마다 기록하고 있는 자신의 모습을 만나게 될 것이다.

아이들은 그것이 더욱 빠르게 진행된다. 때로는 친구들과 경쟁적으로 기록을 하면서, 더 자세하게 적으려고 이동하는 지하철에서도 적는 모습을 보게 된다. 아이들의 놀라운 변화를 볼 때마다 참 기분이 좋아진다.

글이 남는 여행. 하나씩 적다보면 글 쓰는 법을 조금씩 익히게 된다.

그러면 더욱 쉬워진다. 읽고, 떠나자. 그리고 써 보자. 삼박자가 딱 떨어지는 여행을 위해서.

{ 내가 책이 되는 일 }

'나를 돌아보고 정리하고 성장시킨다'

아이들을 성장시킨 여행이 좋은 추억으로만 남겨지는 일이 아쉬워서 여행 전 아이들에게 기록을 하도록 지도했다. 그 기록들이 모아져서 훗날 책이 될 수 있다.

무얼 쓸 것인지 고민하는 것부터 책 쓰기는 시작된다. 어떤 주제를 가지고 책을 쓰려면, 사전 조사와 많은 독서가 필요하다. 하지만 주제가 바로 '나' 자신, '내가 경험한 일들'이라면 조금은 더 쉬워진다. 나의 이야기는 조금만 깊이 있게 나를 돌아보면 소재들은 너무도 다양하다.

주제를 정하고, 목차를 짜고, 자료를 찾고 글을 써 가는 모든 과정을 통해 아이들은 배우게 된다. 책을 쓰기 위해서는 기본적으로 좋은 책을 먼저 읽어봐야 된다. 독서를 통한 배경 지식이 쌓이고 그것들을 정리하며, 자신의 생각을 조금씩 글로도 표현하게 된다. 책 쓰는 행위 자체가 스스로에 대한 발견의 과정이다. 나의 관심사를 통해 독서를 확장하고, 학습 수준에 따라 하나씩 배워나간다.

글쓰기 자체가 다양한 교육을 포함하고 있다. 글쓰기는 주변에서 일어나는 친구들과의 일, 학교에서의 일 등 작은 관심사를 통해서 시작할 수 있다. 사람들은 누구나 '나와 상관있다'라고 느끼면 관심이 커진다. 내 삶에 관련 있고, 내 문제를 해결하는데 도움이 될 것 같으면 보다 적극적인 자세가 된다. '나에 대한 이해'는 스스로 관심을 가지지 않을 수 없는 너무도 중요한 일이다.

일반적으로 책 쓰기를 지도할 때, 주제 선정, 책 쓰기 계획서 작성, 자료 수집, 집필, 보완하기 순으로 진행된다. 자신만의 주제를 찾는 과정이 가장 기본이다. 보통은 현재 관심사에서 시작된다. 더 알고 싶은 것, 잘하고 싶은 것 등으로 생각이 확대되면서 책으로 꼭 쓰고 싶은 것을 정하게 된다.

주제가 선정되었으면 계획서 작성이 필요하다. 집을 지을 때 설계도를 그리는 것처럼 책을 쓰는 구성도를 짜 보는 것이다. 이후는 자료 찾기다. 자기의 생각만으로 책을 다 쓸 수는 없다. 보다 다양한 자료를 책과 인터넷에서 찾아 자신의 생각을 더욱 풍성하게 만들 수 있다.

자료를 찾았으면 이제 본격적으로 써야 한다. 누구나 처음에 글을 쓰려면 부담이 된다. 조금 편하게 쓰려면, 목차 내용 중 가장 잘 알거나, 쉽게 시작할 수 있는 부분부터 하나씩 써 내려가 보자. 그렇게 쓴 책이 완성되면 부족한 부분을 보완하면 된다.

'휴먼북 교육 여행'을 통한 글쓰기는 여행에서 본 것, 느낀 점, 배운 점, 만난 사람들에 대한 이야기를 쓰게 된다. 이번 동경 여행을 준비하면서 아이들은 여행에 대한 사전 조사, 만나게 될 일본 전문인 휴먼북에 대한 인터뷰 준비 등을 했다. 이 모든 과정이 책 쓰기와 연결될 수 있었다. 가이드 휴먼북 다이스케와 함께 일본에서 만날 사람, 여행갈 장소에 대해 사전 자료 조사를 하여 더욱 풍성한 책 쓰기 자료들을 모을 수 있었다.

동경대 방문을 위해 인터넷에서 동경대에 대한 다양한 정보를 찾고, 관련 책들도 보았다는 명수는 사전 조사로 찾은 내용과 그곳에서 실제로 보고, 듣고, 가이드가 설명해 준 내용을 중심으로 충분히 이야기를 쓸 수 있었다.

여행을 함께 다녀온 아이들과의 책 쓰기는 모둠 활동으로 진행하기 좋았다. 대학생 한 명과 중학생 대여섯 명을 한 팀으로 만들고 떠났기에, 현지에서도 기록하고 서로 모둠 활동으로 정리하고 다른 팀들과 교류를 하면서 계속해서 발전시켜 나갔다. 여행 후에도 많은 추억을 공유하며 함께 했기에 기록을 정리하고 보완하며 책을 쓰기에 좋았다. 대학생 멘토들이 리드를 해 주면서, 각자 쓴 부분을 돌려 읽고 고쳐 쓰고, 발표도 하면서 아이들은 배워 나갔다.

여행 책 쓰기를 통해 아이들은 읽기, 쓰기, 듣기, 말하기 모두 성장했다. 여행 전에도 자료를 찾으면서 지속적으로 토론했고, 여행을 하면서도 현지에서 보고 듣고 느끼는 것들을 기록하며 계속해서 소통했다.

각자 느낀 점이 다른 것을 통해 서로에 대해 이해하고, 내가 보고 느낀 것만이 옳다는 생각에서 벗어나 각자의 다양성을 통해 사고 확장도 하게 되었다. 현지 휴먼북을 만난 후 진로에 대한 성장 내용도 글에 잘 담아냈다.

이런 책 쓰기 과정에서 아이들의 다양한 관심 분야를 발견하게 되었다. 현지에서 만난 직업인들에 대해 관심을 가지는 아이, 한국과 다른 그곳 문화에 관심을 가지는 아이, 현지 언어에 관심을 가지는 아이 등 각각 자신의 관심 분야들에 더 집중하였다.

자신들이 쓰는 내용이 다른 친구들에게 그곳을 소개하게 될 거라는 생각을 하다 보니, 자신의 글에 조금 더 책임감을 가지고 쓰게 되었다. 여행 후 글쓰기를 통해 더 다양한 세상에 대해서 이해하는 것뿐만 아니라 그들의 책을 읽을 사람에 대한 배려 즉, 타인에 대한 배려와 이해를 키워 주었다.

마지막으로 아이들은 책을 쓰면서 스스로의 가치에 대해 가장 크게 회복하였다. 나의 기록에 관심을 가져 주는 친구들, 주변 사람들과의 관계를 통해 자신의 위치를 더욱 알게 되었고, 긍정적으로 자신을 표현할 줄 알게 되었다.

{   저 한 번 읽어 보실래요?   }

4차 산업혁명 시대에는 단순히 지식을 암기하기보다 주어진 정보들을 얼마나 잘 활용할 줄 아는가 하는 능력이 중요하다. 이러한 능력은 학교에서 자신의 관심 분야에 대한 다양한 활동들을 하고, 친구들과 협력을 통해 문제를 해결해 나가면서 얻게 된다.

이러한 다양한 학생들의 활동을 통해 학업 능력이 배양되고 발전 가능성이 커진다. 이러한 것들이 종합적으로 평가되는 입시 제도가 '학생부 종합 전형'이다.

학교생활 기록부는 성적은 물론이고, 수상 내역, 동아리 활동, 독서 활동 등 학생들의 많은 기록을 담는다. 교과 성적, 교내 활동의 동기와 과정이 다양하게 평가된다. 자기 관심 분야에 대한 이야기나 그동안 어떤 일관된 활동을 통해 꾸준한 성장을 해 왔는지는 자기소개서를 통해 기록할 수 있다. 본인 스스로 원해서 탐구하고, 만들고, 찾고, 행동한 살아있는 스토리와 기록들이 있어야 한다. 하지만 한 권의 포트폴리오에 자신의 모든 학교생활을 전부 담아 낼 수는 없다.

진솔하고 차별화된 나만의 콘텐츠가 필요하다. 나의 인생을 한 권의 책으로 만들며 한 권의 휴먼북이 되는 과정이 살아있는 나의 이야기가 된다. 한 권의 책으로 쓸 만큼 자신의 다양한 이야기를 가진 학생이라면 대학에서도 충분히 관심을 보이지 않을까?

자신에 대한 책 한 권이 그냥 만들어질 수는 없다. 목차를 잡고, 자신만의 이야기를 써야 한다. 그냥 흘러가 버리는 일상의 작은 활동들도 기록하여 쌓이고 쌓이면 훌륭한 스토리가 된다. 그래서 앞서 말했듯이 휴먼북 교육 여행은 '기록'에 큰 가치를 둔다. 모든 일을 기록으로 남겼을 때, 이후에 어떤 의미가 부여될지 모른다. 평범한 이야기가 식상하다면 새로움이 없던 일상에 새로움을 주는 여행이야말로, '나'라는 한 권의 책을 채울 풍성한 이야기 재료가 된다.

기록을 통해 휴먼북으로 완성되어가는 청소년들. '휴먼북 교육 여행을 통해 나는 어떤 휴먼북이 될 수 있을까?' 이것이 여행 전에도 후에도 아이들에게 스스로 던지게 만든 화두였다. 아이들에게 기록의 중요성에 대해 사전 교육 때 충분히 숙지를 시켰다. 아무리 여행이 좋아도 돌아와서 더 큰 성장을 만들려면 기록을 남겨야 한다고.

일정이 빡빡해서 피곤할지라도, 저녁에는 함께 모여 서로의 기록을 공유했다. 서로 다른 시선에서 보고 느낀 친구들의 이야기를 들으면서 아이들은 더욱 다양하게 여행을 즐겼다. 사전에 조사한 내용들을 토대로 실제 현장에 가면 더욱 많은 것을 배우게 된다.

아이들의 모든 기록은 그들의 성장 포트폴리오가 된다. 나의 꿈을 찾아가는 과정 중 한 포인트가 여행 중 발견된다. 여행을 통한 성장의 시각화. 여행의 기록들이 가능하게 해 주었다. 먼저 한 권의 책이 된 선배들을 통해 '나도 저렇게 되고 싶다'라는 실질적 자극을 받는다. 그들이 던지는 한마디 코치는 아이들에게 주는 영향이 크다. 이번에 동경에서 만난 휴먼북들도 그들이 가진 인생의 키워드가 있어 아이들에게 확실히 인식이 되었다. 일본 가정식 식당 오오츠카 사장님은 '감사', 정형외과 토다 원장님은 '친절, 배려', 일본 여행의 가이드가 되어 준 통역가 다이스케는 '소통'. 아이들도 스스로를 나타낼 키워드를 만들기 위해 더욱 성장해 나갈 것이다.

'나'를 발견하고 싶다면 떠나라. 새로운 환경에서 발견하는 '나'를 찾게 될 것이다. 새로운 곳에서 보고 들으면서 그들은 생각한다. '나는 어떤 휴먼북이 될까?' 구체적이지 않을지라도, 충분히 꿈을 꾸기 시작하는 계기가 된다.

구체적인 미래 비전이 있는 아이들은 보다 명확한 실행 과제를 찾게 된다. 먼저 성공한 사람들의 생활 방식을 보면서, 더 큰 도전을 받고, 다른 나라 친구들을 통해 보다 많은 자극을 받게 된다. 여행을 다니며 기록한 자신들의 글은 인생의 스토리를 만들어 준다. 그리고 그들은 더욱 풍성한 한 권의 휴먼북으로 만들어질 것이다. 앞으로 기록될 그들의 새로운 이야기가 궁금해진다.

PART 5

글로벌 휴먼북 프로젝트

메가 게임은 글로벌하다

세계 시민 교육

세계적인 휴먼북 마인드

나는 캡틴,
캡틴 코리아!

글로벌 휴먼북 프로젝트

14

{ **한 명의 인재를 양성하기 위하여** }

마블 스튜디오 영화들은 거의 언제나 대흥행이다. 사람들이 마블 영화에 매력을 느끼는 이유는 뭘까? 화려한 액션, 잘 짜인 스토리, 멋진 캐릭터, 엄청난 물량 공세를 통한 마케팅의 위력 등 다양한 요인이 있을 것이다.

그들의 영화를 '영웅'의 관점에서 생각해봤다. 지금 우리는 고도화된 물질문명과 빠르게 변하는 사회 속에서 때로는 피로감에 허덕이기도 하고, 너무도 복잡하고 거대한 사회 속에서 스스로 나약함을 느낄 때도 있다. 이때 사람들은 자신의 이야기에 공감해 주고 함께해 줄 동역자, 자신을 이끌어 줄 멘토를 찾는다. 때로는 강하게 나를 끌어 줄 영웅을 찾기도 한다.

모두가 세계를 구원할 캡틴 아메리카, 아이언맨, 헐크가 될 필요는 없다. 거창하게 영웅이랄 것까지도 없다. 하지만 복잡한 세상에서 자신을 스스로 이끌 본인에 대한 리더는 되어야 한다. 물론 거기서 더 나아가 세상을 이끌 리더로 성장한다면 더할 나위 없겠다.

먼저는 자신을 이끌 리더가 되고, 다양한 사람을 이끌어 줄 리더가 되도록 아이들을 도와주자. 내 옆에 스파이더맨이 될 아이가 있을지 모르니 그들을 잘 이끌어 주자. 당신이 그들에게는 아이언맨이 되어 도움을 줄 수 있을 것이다.

그동안 진행한 교육을 정리하다 보니 '글로벌 휴먼북 양성 프로젝트'라는 타이틀이 만들어졌다. 한 사람은 한 권의 책이라는 명제에서 시작했던 휴먼북 강연 프로그램인 휴먼 라이브러리 컴퍼스. 그 속에는 스토리텔링 교육이 담겨져 있다.

그리고 모든 사람은 자신의 스토리가 있고, 다른 이들에게 소개해 줄 만한 좋은 사람들이 주변에 있고, 추억이 담긴 여행지가 있다는 발상에서 시작한 휴먼북 교육 여행. 여행을 만난 스토리텔링은 더욱 풍성해졌다. 여행 속에서 발견하는 자신의 이야기를 기록하는 글쓰기 교육도 포함되어 있다.

뿐만 아니라 외국인 휴먼북들의 참여와 미국 휴먼북 션의 ALLIANCE를 기반으로 한 '글로벌 교육'이 진행되었다.

이렇게 진행된 프로그램을 모두 합쳐 보니 결국은 '한 명의 글로벌 인재를 양성하는 프로그램'으로 정리되었는데, 교육 활동과 국제 교류 활동들을 토대로 청소년들이 '글로벌 휴먼북'이 될 수 있도록 돕고 싶었다.

{ 교육을 통한 캡틴 코리아 }

한국에서 세계를 구할 영웅, 세계를 이끌어갈 리더가 많이 나왔으면 좋겠다. 캡틴 아메리카를 대신하는 캡틴 코리아가 세계를 이끌 그날이 오기를 기대한다.

캡틴 아메리카의 방패가 파괴되지 않을 뿐더러 모든 에너지를 흡수해 버리는 것처럼, 캡틴 코리아도 자신만의 방패가 있어야 한다. 다양한 배움과 활동을 통해 잘 정돈된 자기 가치와 철학, 그리고 다양한 세계를 받아들일 수 있는 포용력이 필요하다. 또한 글로벌 리더는 다양한 시각에서 세계를 바라볼 줄 아는 식견도 필수 불가결의 요소이다.

세계 3대 부호로 꼽히는 사우디아라비아의 빈 살만 왕세자는 세계 최대 석유 회사인 아람코를 이끌고 있다. 아람코의 규모는 2018년 삼성전자와 애플의 영업 이익을 합친 것보다 많은 258조 원의 이익을 올렸다.

2019년 6월, 1박 2일 한국 방문 일정 동안 그는 하루에 83억 달러, 우리 돈으로 9조 6천억 원의 투자를 약속했다. 양국은 ICT 분야, 전자 정부, 문화, 자동차 산업, 수소 경제, 건강 보험, 금융 감독, 국방 획득 및 산업·연구·개발과 기술 협력, 국가 지식 재산 전략 프로그램, 한국개발연구원과 사우디 전략개발센터 간 연구 협력 등 10개 분야의 협력 양해 각서(MOU)에 서명했다.

원자력 에너지 부분에 대한 협력도 논의했다. 사우디아라비아는 탈석유의 기조 아래 2030년까지 200~300억 달러(약 22~34조 원)를 들여 원전을 건설하기로 하고, 사업자를 선정 중이다. 미국, 프랑스, 러시아, 중국 등과 함께 우리도 경쟁 중에 있다. 한국 원전은 이미 기술력과 안정성에 있어서 세계 수준임을 증명 받았다. 이를 수주하게 된다면 천문학적인 특수의 문을 열 수 있다.

이런 엄청난 투자와 가능성을 한국에 주는 빈 살만 왕세자는 작년에 있었던 사우디아라비아 반정부 언론인 자말 카슈끄지 암살의 실질적 배후로 지목되었다. 적국인 이란을 제어하기 위해 최대 산유국인 사우디아라비아의 중동 주변국에 대한 군사, 경제적 영향력을 용인하는 미국도 이 사건을 두고는 공개 비난을 했다.

이와 같이 국제 관계는 다양한 연결과 관계로 복잡하게 형성되어 있다. 또한 국제 관계는 힘의 세계다. 그 속에서 우리는 실리를 잘 챙기면서, 모든 나라와 잘 협력하며 조화를 이루어 발전해야 한다.

대한민국은 미국, 중국 같은 초강대국이 아닌 데다 자원 부국인 사우디아라비아도 아니기에 무엇보다 국제 정세의 흐름을 잘 아는 리더들이 있어야 한다.

글로벌 리더의 안목은 한 번에 길러지지 않는다. 청소년 시절 다양한 국가에 대한 관심과 이해에서부터 시작해 더 크게 발전하는 것이다. 국제 정세와 흐름을 알지 못하고는 모든 것이 연결된 국제 사회에서 한국을 더 크게 성장시킬 수 없다.

눈을 넓게 키워야 한다. 한 명 한 명을 글로벌 인재로 길러내는 교육이 필요하다. 교육을 통해 캡틴 코리아가 길러질 것이라 확신한다.

15

메가 게임은 글로벌하다

{ 외교 시뮬레이션 게임, ALLIANCE }

보드게임을 즐겨하지 않아도 한 번쯤은 부루마불에 대해 들어봤거나 해 봤을 것이다. 1982년 출시된 한국의 1세대 보드게임이다. 서로 가장 비싼 '서울' 땅을 사려고 주사위를 굴리던 기억들이 있으리라. 주사위를 굴리면서 땅을 사고팔다 보면 두세 시간이 금방 지나간다. 이후 2000년대 초반 다양한 보드게임이 유입되면서, 보드게임 산업도 활성화되었다.

'메가 게임'에 대해서는 들어봤는가? 유럽이나 미국 쪽에 비해, 아직 한국에서는 크게 보급되지 않았다. 이름에서 느껴지듯 메가 게임은 규모와 소요 시간이 일반 보드게임에 비해 상당히 큰 편이다. 보통 네 시간에서 여섯 시간 동안 진행되며, 스무 명 이상에서 많게는 여든 명, 백 명까지 참여할 수 있는 거대한 게임이다. 정치, 경제, 역사, 공상 과학 등 다양한 주제의 게임이 있으며, 주로 팀별 커뮤니케이션과 문제 해결에 초점이 맞추어져 있다.

'메가 게임'이라는 용어는 전쟁학자이자 역사학자인 앤디 갤런이 1980년 경에 만들어 냈다. 이후에 군사역사가이자 탤런트였던 패디 그리피스에 의해 체계화되었다. 그는 첫 번째 메가 게임을 만들었고, 그 이후 다양하게 발전시켰다. 사실 우리가 쉽게 생각하는 보드게임이라기보다 규모 있게 진행되는 이벤트 활동 같은 느낌이 든다. 현재 다양한 메가 게임 제작자들은 영국을 중심으로 하여 유럽, 북미 쪽에서 주로 활동하고 있다.

ALLIANCE는 정치, 경제, 외교 관련 시뮬레이션 메가 게임이다. '세계 평화'라는 공동 목표를 이루기 위해 각국은 협상하며 게임을 풀어가야 한다. 개별 국가들은 다양한 문제들을 가지고 있으며, 자원 또한 나라별로 차이가 있다. 다양한 게임 칩을 사용해서 국제 무역과 협상을 진행하는데, 세계 평화를 이루기 위해서는 서로 돕고 협력해야 한다.

다섯 가지 각기 다른 색깔의 게임 칩은 국가들의 상황을 반영하여 제공된다. 빨간색은 노동력, 녹색은 신용, 흰색은 교육과 정의로운 법체계 같은 국가의 안정성, 파란색은 무기, 검은색은 천연 자원을 나타낸다. 각 국가는 한 가지 자원은 충분히 여유 있게 가지고 있지만, 다른 자원은 부족하다. 이는 현재 국제 정세를 반영하여 배분된다. 예를 들면 중국은 빨간색 게임 칩을 많이 받고, 흰색 게임 칩은 적게 받는다. 러시아는 파란색, 검은색 게임 칩을 많이 받는다.

각국의 환경이 다르기에 국가 발전을 위해서 다른 국가들과 무역을 할 필요가 있다. 연구 개발, 국가 제반 시설 건설 등 나라를 발전시키기 위해서는 모든 색깔의 게임 칩을 적절하게 잘 사용해야 한다. 자국에서 필요한 게임 칩을 다른 국가로부터 얻기 위해서는 협상을 잘해야 한다.

각 국가들은 종종 다른 나라의 목표와 상충되는 그들 국가만의 비밀 목표를 가지고 있다. 이러한 상반된 목표로 인해 서로 협상해야 할 국가들 간에 갈등이 생기기도 한다. 그럴 때는 모든 국가가 표기되어 있는 거대한 지도를 보며 군대를 이동하거나, 위협하거나, 전쟁을 치르는 상황에 이르기도 한다.

게임 상의 시간으로 총 8일 동안 경기가 진행되는데, 하루는 실제 시간 25분으로 설정하였다. 하나의 국가는 국무총리, 국방장관, 그리고 과학자 이렇게 세 명의 참가자가 한 팀으로 구성된다. 팀원들끼리 서로 긴밀하게 의논하며 국가의 목표를 달성하게 된다. 마치 영화의 한 장면처럼 흥미진진하다.

{ ALLIANCE 디자이너, 션 }

ALLIANCE를 제작한 미국 휴먼북 션은 보드게임 디자이너, 일러스트레이터, 교사, 유튜버 활동까지 다양한 직업을 가지고 있다. 미국 텍사스에서 태어나 대학에서 애니메이션을 전공한 뒤 오랫동안 디자이너로 일했다. 그러던 중 아이들의 교육에 더 큰 관심이 생겨 텍사스 휴스턴의 고등학교에서 그래픽 디자인, 게임 디자인, 애니메이션을 가르쳤다.

션은 학생들이 재미있게 공부할 수 있는 툴로 다양한 보드게임을 연구하다, 직접 디자인과 스토리를 구성한 게임 몇 가지를 고안하기에 이르렀다. 최근에 만든 정치 외교 분야의 메가 게임 ALLIANCE는 참가자가 세계 각국의 리더가 되어 롤 플레이하며 진행한다. 20개국의 다른 나라들이 각각 다른 자원과 이루어야 할 목표를 가지고 게임이 흘러간다.

외국인 휴먼북으로 학교 강연에 왔던 크리스를 통해 션을 처음 만나 4년 동안 만들었다는 ALLIANCE에 대해 설명을 들었다. 정치외교학을 전공하여 평소 국가 간의 외교, 무역 협상 등에 관심이 많았던 나에게는 굉장히 흥미로운 게임이었다.

요즘 학생들은 국가 간의 일들에 대해 얼마나 관심이 있는지 의문이 든다. 하지만 그들이 살아가야 할 세상은 초연결사회로 다른 국가들에

ALLIANCE를 제작한 미국 휴먼북 션은 보드게임 디자이너, 일러스트레이터, 교사, 유투버 활동까지 다양한 직업을 가지고 있다.

대한 이해 없이는 자국의 이익을 극대화하기 힘들다. 이 게임을 통해 재미있게 국제 관계를 이해하고, 다양한 글로벌 이슈에 대한 학습이 가능하겠다는 확신이 들었다. 그래서 선과 미국 고등학교에서 적용했던 교육을 한국 교육 현장에서도 수업이 가능하도록 많은 준비를 하였다. 그와 함께 ALLIANCE를 통한 글로벌 프로젝트를 준비하면 할수록 창조적 교육가의 매력에 빠져들었다.

{ 보드게임이 수업이다 }

그가 고등학교에서 진행했던 수업은 수학 실험, 프로그래밍, 게임 이론, 그리고 드로잉 수업 등을 포함한 창의적인 프로젝트였다. 그의 수업은 읽기, 쓰기, 시험 대신 학생들에게 시각적으로 생각하는 법, 디자인의 원리를 보는 법, 창의적인 문제 해결의 중요성을 가르쳤다.

그 당시 진행했던 가장 매력적인 프로젝트는 보드게임, 카드게임을 만드는 일이었다. '교육은 재미있어야 한다'고 생각하는 그는 학생들에게 배움의 재미를 만들어 주고 싶었다. 그가 볼 때 학생들은 조용히 혼자 공부하는 것보다 친구들과 많은 것을 나누고 함께 할 때 더 재미있어 하고 보다 많이 성장하는 것 같았다. 그래서 친구들과 서로 함께하며 배울 수 있는 프로그램을 준비했다.

게임을 하는 것이야 재미있지만, 게임을 만드는 것은 정말 어려웠다. 숙제와 시험에 지친 아이들을 위해, 더욱 재미있는 수업으로 효율을 높일 수 있는 방법에 대해 끊임없이 연구하던 중 그가 찾은 것이 바로 보드게임이었다. 그렇게 가닥을 잡고 션은 학생들과 보드게임을 만들면서 다양한 생각들을 공유했다.

'어떻게 게임을 공정하고 균형 있게 할 수 있을까?'

'무엇을 통해 더 재미있게 만들 수 있을까?'

그가 학교에서 가르치는 것에 익숙해졌을 때, 가르친다는 것은 단지 지식을 전달하는 것만으로는 부족하다는 걸 알게 되었다고 한다. 수업을 통해 설명하고 가르칠 때, 학생들은 그의 생각만큼 많은 것을 배우고 있지 못했다.

오히려 그들 스스로 뭔가를 할 때 훨씬 더 많은 것을 배우고 있음을 발견했다. 평소 수업에 적극적이지 않았던 학생의 한마디가 변화의 필요성을 새롭게 느끼게 했다.

"선생님! 전 학교에서 배운 것보다 비디오 게임 Assassin's Creed를 통해서 미국 남북 전쟁에 대해 훨씬 더 많이 배웠어요!"

그 말에 학생들을 위한 실질적인 교육에 대해 고민하기 시작했다고. 아무리 설명해도 흥미로워하지 않던 내용을 비디오 게임을 통해 배웠다니. 그날 밤 션은 많은 생각들이 떠올랐다고 한다.

'과연 아이들에게 진짜 필요한 학습 방법은 무엇일까?'

그러던 중 그는 우연히 테드 토크를 보게 되었다. 세계 평화 게임을 만든 존 헌터라는 선생님이 학생들과 세계 평화 시뮬레이션 게임을 통해 경험한 내용을 소개하고 있었다. 학생들에게 세계 지도자들의 역할을 맡게 하는 내용이 매우 신선했다. 그의 머릿속에는 새로운 구상이 계속 떠올랐다.

'내가 그래픽 디자이너인데, 아이들이 재밌게 배울 수 있도록 보드게임을 만든다면 어떨까? 세계 문제에 대해 더 깊이 생각하고 세계 리더로서 리더십과 의사소통 능력을 배울 수 있는 보드게임을 만들어 보면 어떨까?'

다양한 종류의 보드게임을 사서 학생들과 직접 해 보면서 그의 구상은 차츰 현실이 되어 갔다. 어느새 보드게임을 연구하고, 디자인하는 일은 그의 새로운 취미가 되었다. 그런 노력의 결과로 정치 외교 분야 협상 게임인 메가 게임 ALLIANCE가 만들어졌다.

처음에 여덟 명의 학생들과 함께 테스트한 후 두 반을 합쳐서 마흔 명의 학생들과 게임을 했다. 이후 학생들이 스스로 토요일 행사를 만들어서 학교 전체에 홍보를 했고, 여러 명의 학생들을 초대해 진행하게 되었다. 학부모, 대학생들도 참여해 예순 명의 참가자들이 모였다. 몇 번을 해 보면서 게임 룰도 충분히 익혔기에 아이들은 매우 적극적으로 참여했다. 게임 속에서 각 나라 대표들이 되기에 나라별 콘셉트에 맞게 의상을 갖춰 입은 아이들도 있었다. 게임 도중 자기 입장을 설명하려 친구들 앞에서 연설을 하기도 했다. 션은 다른 나라에서도 선생님들이 활용할 수 있도록 활동 장면과 게임 설명을 촬영하였다.

첫 시작이 6년 전이었고, 다른 선생님들, 학생들과 함께 그 이후로 매년 게임을 업그레이드 하여 지금의 ALLIANCE가 완성되었다.

{ 더 알아 보자, ALLIANCE }

메가 게임 ALLIANCE는 게임 도구들이 풍성하게 준비되어 있다. 제작자가 손수 디자인하고 만들었다고 생각하니 그 정성이 느껴진다. 기본 구성품은 다음과 같다. 각국의 경제 상황 지표를 나타내는 '경제상황판', 나라별 위기 현황을 관리하는 '위기지표판', 각자의 역할을 수행하기 위해 참고할 수 있는 국무총리, 국방장관, 과학자의 '역할 설명서', 국가들의 목표와 역할이 기록되어 있는 '국가 카드', 전쟁 때 쓰는 '전쟁카드', '시민 분쟁 카드', 과학자들이 무기를 만들 때 기록하는 '과학자카드', 큰 크기의 '세계 지도' 등으로 구성된다. 다양한 교육적 효과를 위해 알차게 구성되어 있다.

ALLIANCE에는 세 명의 역할이 필요하다. 국가의 전체적인 운영을

메가 게임 ALLIANCE는 게임 도구들이 풍성하게 준비되어 있다. 제작자가 손수 디자인하고 만들었다고 생각하니 그 정성이 느껴진다.

책임지는 대통령(또는 국무총리), 국방 업무를 총괄하는 국방장관 그리고 과학자가 있다. 그들은 각자의 임무에 맞는 역할을 하고 자국의 운영과 다른 나라들과의 협상에 대한 방향을 의논한다.

역할별로 세계 회의가 진행된다. 국무총리 또는 대통령은 한 나라의 최고 정책 결정자로서 'UN 총회'에 참석한다. 각 나라들의 현안과 전 지구적인 문제에 대해 의논하고 해결책을 모색한다.

국방장관은 '국방장관 회의'를 통해 세계에서 일어나고 있는 분쟁 현황을 공유하고, 전 지구적 안보 체계를 위해 서로 회의한다. 과학자들은 정기적으로 '과학자 컨퍼런스'를 개최한다. 새로운 과학 기술을 공유하고, 전 지구적 문제 해결을 위한 창조적인 방안을 상호 모색한다.

각자 역할에 맞는 국제회의에 참석하고 거기서 얻은 정보를 통해 상호 협의하여 자국의 정책 방향을 결정한다. 각각의 역할이 국가를 대표하기에 모두 적극적으로 참여하게 된다.

많은 구성품 가운데 가장 중요한 카드는 '국가 카드'이다. 여기에는 해당 국가에 대한 설명, 자원 현황, 이루어야 할 목표 등이 기록되어 있다. 한국 카드를 보면, 세계에서 가장 빠르게 성장한 한국 경제, IMF 경제 위기에 대한 설명도 포함되어 있다. 빠른 기술 개발을 통한 성장, 북한과의 안보 문제, 미국과의 협력에 대한 부분도 담겨 있다. 현실을 반영해서 간략하게 잘 설명되어 있다.

Game Day Turn Sequence

1. **Public Announcements** by Facilitator & player speeches (~ 3 minutes)
2. **Allocate Funds** (~ 2 minutes) Prime Ministers must allocate funds to their control board
   - Military Spending (green tokens + black tokens)
   - Research spending (green tokens and/or white tokens)
   - Build National Institutions
3. **International Interactions.** (~ 15 minutes)
   - Prime Ministers - diplomatic & trade negotiations
   - Secretaries of Defense - War interactions at the Map
   - Scientists - Research Dice Rolls & attend Science Conferences
4. **Team Meetings** (~ 10 minutes) - Meet with your national team, share updates, & make decisions

Actions *(Building)*

Each nation needs to raise the value of their nation, build institutions, & infrastructure. Once these are built the team can do much more. Production does not begin until the turn after you've built it.

Infrastructure Upgrades

*Each nation needs at least one infrastructure upgrade by the end of the game. Each upgrade costs 4 red tokens, 3 black, and 2 green. Pay the world bank control player in exchange for a marker you can place on the map in one of your nation's hexagons.

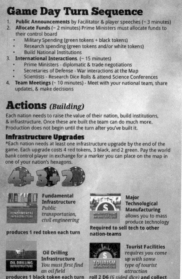

Fundamental Infrastructure
Public transportation, civil engineering
produces 1 red token each turn

Major Technological Manufacturing
allows you to mass produce technology
Required to sell tech to other nation-teams

Oil Drilling Infrastructure
You must first find an oil field
produces 1 black token each turn

Tourist Facilities
requires you come up with some type of tourist attraction
roll 2 D6 *(6 sided dice)* and collect that many green once

국무총리 또는 대통령은 한 나라의 최고 정책 결정자로서 UN 총회에 참석한다.
각 나라들의 현안과 전 지구적인 문제에 대해 의논하고 해결책을 모색한다.

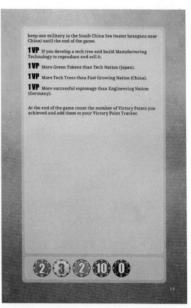

많은 구성품 가운데 가장 중요한 카드는 '국가 카드'이다.

미국 카드에는 한국에 비해 자원이 풍부한 것이 한눈에 보인다. 자원이 풍부한 미국은 다른 국가들끼리 서로 협력하여 공동 과제인 '세계 평화'를 이루는데 있어서 다양한 역할을 할 것이 국가 목표로 표기되어 있다.

국가 카드가 그 나라의 모든 배경을 다 설명할 수는 없다. 그래도 핵심적인 배경, 역할, 자원이 주어지고, 현재의 글로벌 이슈를 반영하여 다양한 국제 정세를 배워나갈 수 있다. 기본 도구들이 알차게 갖추어

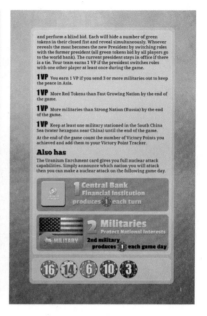

여기에는 해당 국가에 대한 설명, 자원 현황, 이루어야 할 목표 등이 기록되어 있다.

져 있고, 다양한 전략에 대한 설명들도 포함되어 있다.

세계는 다자 차원의 국제 분업 체계로부터 자국중심주의로 전환하는 시기를 겪고 있다. 다른 국가들에 대한 이해와 관심 그리고 협력에 대한 배움이 청소년기부터 길러질 수 있도록 ALLIANCE는 다방면으로 활용될 것이다.

{ 아이들의 변화를 이끌어내다 }

메가 게임은 규칙이 많고 복잡한데, 선의 노력이 많이 투입된 결과물이다. 과연 선은 메가 게임을 어떤 생각으로 만들었을까? 그는 게임이야말로 창조적인 전략을 다양하게 시도해 보기에 가장 적합하다고 생각했다. 시험은 정해진 답 외의 것을 선택하면 성적이 떨어지지만 게임은 게임일 뿐이다. 그래서 과감한 도전과 창조적인 새로운 전략을 여러 가지로 시도해볼 수 있다.

경쟁은 게임을 더 재밌게 만드는 요소이다. 하지만 경쟁이 과하면, 지나친 승부욕 때문에 꼭 이기고 싶어 패배의 위험을 무릅쓰고 창조적인 시도를 하지 않게 된다. 그래서 그는 게임과 프로젝트 기반 학습을 통해 서로 협력하도록 여러 가지 장치를 배치했다. 각국의 상황에 따라 경쟁을 하지만 최종 목표를 '세계 평화'로 하였기 때문에 결국에는 서로 소통하고 합의를 이루어 내야 한다.

이런 과정 속에서 학생들은 지도력을 발휘할 수 있게 된다. 스스로를 세계 지도자로 상상해서 자국의 지도자로서 다른 나라 대표들 앞에서 연설을 하는가 하면 협상을 통해 다른 사람들의 생각을 변화시키고자 노력도 해야 한다. 다른 나라들과 경쟁에서 우위를 선점하기 위해 확률과 논리도 다양하게 이용한다.

게임이 끝난 후, 학생들은 게임을 통해 배운 것을 발표하는 시간을 가지며 서로서로 배움을 공유하게 된다. 그는 학생들이 스스로 열정을 가지고 참여하면서 다양하게 성장할 수 있도록 하겠다는 목표를 ALLIANCE를 통해 계속해서 이루어 가고 있다.

그는 청소년들이 가지고 있는 각각의 생각이 얼마나 가치 있는지에 대해 어른들이 더 진지하게 받아들이길 원한다. 프로젝트를 진행할 때마다 학생들의 의견을 듣기 위해 최대한 자세하게 설명한다. 자세히 설명을 듣고 나면 학생들은 생각을 보다 쉽게 이야기한다. 우리가 생각지도 못한 전혀 다른 관점에서 생각하고 아이디어를 내는 학생들을 보며 항상 놀라운 경험을 하였다고 한다. 그런 경험이 쌓여서 그는 나이나 전문성의 차이에 상관없이 전문적인 동료처럼 학생들을 대하게 되었다.

늘 학생들의 입장에서 이해해 주는 션은 따뜻한 교육가이다. 또한 그는 학생들이 더 재밌고 흥미롭게 배울 수 있도록 연구하는 창조적인 연구자다. 그 노력이 빛을 발해 한국에서도 그가 준비한 보드게임을 통해 다양한 교육적 시도들이 진행되고 있다.

세계보건기구는 최근에 '게임 중독을 마약, 알코올, 담배 중독처럼 질병으로 분류해 치료 대상으로 삼아야 한다'는 내용을 담은 국제질병분류 11차 개정안(IDC-11)을 발표하였다. 게임 산업 관계자들은 아이들의 학습 장애를 극복하는 데 도움을 주거나 알츠하이머 환자의 치료에 도움을 주는 등 게임의 순기능에 주목하며 반발하고 있다. 하지만 지나친 경쟁의식, 현실 및 사회 소통 도피처럼 게임의 본질적 속성으로 인해 발생하는 다양한 부작용에 대해서는 부정할 수 없다.

오프라인 메가 게임을 하며 친구들이 서로 소통하는 시간은 온라인 게임과는 또 다른 재미를 준다. 또한 선이 제작한 메가 게임은 학교 현장에서 오랜 연구와 보완을 거쳤기에 교육적 효과를 잘 살렸다. 이를 통해 많은 학생이 국제 관계를 이해하고, 세계를 향한 더 큰 꿈과 자질을 기를 수 있기 바란다.

세계 시민 교육

{ 메가 게임 ALLIANCE는 어떤 경험? }

선의 오랜 노력과 연구 과정을 통해 만들어진 메가 게임 ALLIANCE 는 아이들에게 어떤 경험이었을까? 미국 고등학교 교사가 학생들이 더 적극적으로 수업에 참여하도록 돕기 위해 만든 메가 게임이 한국 중·고등학교 학생들에게도 흥미로웠을까?

우선 메가 게임이 롤플레잉 게임이기에 참여하는 학생들 모두가 적극적으로 참여하였다. 자신의 역할에 따라 자국의 흥망이 달렸기에 게임이지만 아이들은 상당히 진지했다. 게임에 몰입할수록 더욱 적극적인 자세로 임했고, 여러 친구들과 토론하고 협상했다.

기존 자유학기제 주제 선택 프로그램에서는 사전 활동으로 다중지능검사, 적성검사, 흥미검사 등을 사용하여 학생을 파악한다. '글로벌 휴먼북 양성 프로젝트'에서는 이런 도구들보다 훨씬 재미있게 자기 이해와 파악을 할 수 있다.

메가 게임은 각 나라별로 대통령(국무총리), 국방장관, 과학자가 한 팀이 되어 진행된다. 전체 국가의 흐름을 이해하면서 리더십과 결단력을 가지고 행동해야 하는 대통령, 다른 나라들과의 군사적 관계와 유사시 전쟁을 담당하는 국방장관, 창의력과 뛰어난 직감력으로 다양한 아이디어를 가지고 게임을 진행하는 과학자. 세 가지 역할의 캐릭터에 대해 충분히 설명을 해 주고 각자가 대통령, 국방장관, 과학자 중 어떤 역할이 잘 맞을지 스스로의 성향을 비춰보면서 선택할 수 있도록 가이드를 제시해 준다. 그리고 각 캐릭터별로 어떤 역할과 임무가 수행되는지 체크표에 체크해보면서 자신에 대해 이해할 수 있도록 돕는다.

서울의 H고등학교에서 메가 게임을 진행했을 때, 영국 국무총리 역할을 맡았던 학생 민지에게 활동 소감을 물었다.

"처음에는 세 가지 역할 중 어떤 역할을 맡을지 고민했어요. 역할에 대한 임무와 제 성격을 비교하니, 한 나라를 대표하는 국무총리 역할을 하고 싶었어요. 국무총리는 국가의 가장 중요한 결정을 내리는 역할이기에 더 신중하게 게임했어요. 중간 중간 각 나라 대표들이 모여 UN 회의에 소집되기도 하고, 대통령들이 서로 협상하면서 게임에 몰입되어 정말 제가 영국의 최고 결정권자가 된 느낌이었고 너무 재밌더라고요. 이번에는 서로 협력을 잘하여 지속적인 에너지 개발에 대한 문제도 해결하여 세계 평화라는 목표도 얻게 되어 좋았어요.

또 이런 대규모 게임을 한 적이 없어 신선했어요. 네 시간 동안 진행했는데 라운드마다 게임에 몰입하게 되어 시간이 엄청 금방 지나갔어요. 이번에는 처음이라 게임 룰을 100% 다 이해하지 못한 채 참여했지만, 다음에 좀 더 알고 하면 더 재밌게 참여할 수 있을 것 같아요.

여러 명의 외국인 진행자들이 함께한 것도 좋았어요. 저희 학교가 외국어 특성화 교육으로 영어 공부를 많이 하는데, 사실 친구들과 일상에서는 영어로 대화할 일이 많지 않거든요. 그런데 이번 게임을 하면서 외국인 진행자들과 영어로 대화해 보면서 영어에 대한 흥미도 더 생기고 더 열심히 회화 공부하고 싶어졌어요."

과학자들을 위한 가이드 역할을 했던 대학생 멘토는 아이들이 게임을 스스로 만들어 나갈 수 있는 부분이 인상적이었다고 했다. 게임 속에서 과학자들은 창의성을 발휘해서 자국에 필요한 무기를 만들 아이디어를 과학자 카드에 적어내고, 허용되는 범위에 한해서 개발할 수 있게 된다. 이때 다양한 아이디어를 내면서 아이들은 주인공이 되어 게임에 더욱 적극적으로 참여하게 된다.

글로벌 특화 프로그램을 진행하면서 가장 크게 느낀 것은 아이들의 가능성이다. 참 작은 경험과 기회인데도 아이들에게는 그렇지 않았다.

먼 나라에서 온 멘토와의 45분 간의 짧은 만남도, 미국 보드게임 디자이너의 게임을 고작 네 시간 집중한 정도였으나 그 시간이 아이들에게는 얼마나 큰 생각의 전환을 가져다주었는지 알 수 있었다.

'내가 살고 있는 나라뿐 아니라 더 넓은 세상을 배우자!'

이 생각을 시작으로 그들은 계속 성장해 나갈 것이다. 작은 생각의 변화에서 시작하여 더 많은 배움에 대한 도전이 일어날 것이다. 그리고 그들의 변화는 계속될 것이다.

{ 세계적인 시민이 되려면? }

최근 동남아 국가들은 북아메리카와 유럽 등지에서 불법적으로 반입된 쓰레기를 되돌려 보내는 강경한 조치를 취하고 있다. 지난 5월 28일 요비인 말레이시아 에너지-과학기술-환경-기후변화부 장관은 쿠알라룸푸르 인근 포트 클랑 항에서 3,000t 규모의 선진국발 폐기물이 담긴 컨테이너 60개가 발견됐다면서 전량을 배출국으로 돌려보내겠다고 선언했다. 발견된 컨테이너 60개 속에는 영국에서 폐기한 케이블과 북아메리카, 일본, 사우디아라비아, 중국의 가정 쓰레기, 방글라데시의 CD, 호주의 오염된 우유 상자 등이 들어 있었다.

국제 환경단체 그린피스가 공개한 수치에 따르면 말레이시아에 반입된 플라스틱 쓰레기는 2016년 한해 전체 동안 16만 8,500t이었지만 지난해 들어서는 첫 6개월 동안에만 45만 6,000t으로 크게 늘어났다. 미국, 영국, 호주, 독일, 스페인, 프랑스가 세계 최대의 쓰레기 수출국이다. -「뉴스위크」, 2019. 6. 24, p.28

세계에서 벌어지고 있는 이런 문제에 대해 청소년들은 관심이 있을까? 사실 이런 일에 관심을 가지기가 어렵긴 하다. 10대라면 어떤 축구 선수가 골을 넣었고, 어떤 유투버 방송이 재밌는지, 연예인이 입고 나온 옷은 어떤 브랜드인지에 더 관심을 갖는 게 어찌 보면 당연하다.

그렇지만 국제적인 쓰레기 문제는 동남아 개도국들과 선진국들이 긴밀하게 연결되어 있는 문제이며, 우리와도 관련된 환경 문제이다. 너무도 편리해진 연결된 세계 속에서 환경 파괴, 빈곤, 기후 변화 그리고 갈등과 분쟁 등도 이젠 범세계적으로 모두 연결되어 있다.

유네스코학교 네트워크 기본 프로그램 중 '세계 시민 교육'이라는 게 있다. '세계 시민'을 논하기에 솔직히 우리 교육 현실은 아직은 거리감이 있다. 하지만 꼭 필요한 교육인 것만큼은 확실하다. 서울 지역만 보더라도 이제 학교에 다문화 학생이 꽤 많다. 특히 구로구 쪽은 다문화 학생들의 수가 상당하다.

단일 민족 국가라는 건 옛말이다. 앞으로 더욱 다양화되고 글로벌화되는 사회를 살아갈 청소년들에게 글로벌 마인드를 배우는 것은 필수

적이다. 사람이 모르는 것만큼 두렵고, 손해 보게 되는 일은 없다. 다른 나라 문화에 대해서도 잘 모르기에 배타적이고 두려울 수 있다. 더 큰 세상을 향해 눈을 돌려보자.

학생들은 메가 게임 ALLIANCE를 통해 한 나라의 대표가 되어 세계 공동 문제를 해결하는 과정을 거치며 세계 시민 의식을 배우기도 했다. 각자가 한 나라의 중책을 맡고 있기에 적극적으로 국제 문제에 개입하지 않을 수 없다.

그리고 한정된 자원으로 자국의 이익을 극대화 시키고, 다른 나라들과 협력하기 위해 많은 협상을 진행했다. 나라별로 이익이 상충할 때는 창조적 발상, 창의적 문제 해결 능력을 발휘해서 상황을 대처해 나갔다.

핵무기를 사용한 러시아를 견제하기 위해 과학자 역할을 했던 중학생 한 명이 핵을 없애는 무기를 개발했다. 그 무기가 자국에서 한 번만 사용할 수 있었던지, 다른 나라 과학자 역할을 했던 친구는 영구적으로 쓸 수 있는 핵무기 제거 기술을 개발했다. 게임을 진행할 때마다 아이들은 다양하고 재미있는 발상을 하였다.

기본 게임 룰은 있지만 최근 국제 사회 이슈와 자신들이 경험해서 알고 있는 지식들이 더해져서 게임은 더욱 다양하고 풍성하게 진행되었다. 세계의 여러 분쟁과 이슈를 적용해서 함께 해결해 가는 과정을 거치며 아이들은 동남아 쓰레기 문제도 결코 선진국 몇몇 국가와 동남아 국가들만의 문제가 아닌 전 지구적 문제임을 인식하게 되었다. 해 보지 않고서는 쉽게 이해가 가지 않는 부분들이다.

그동안 많은 외국인 친구와 함께 학교 프로그램에 참여했다. 분당 지역 중학교 한 곳에 함께 갔던 뉴욕에서 온 매튜, 사이판에서 온 조엘이 생각난다. 각각 한양대, 연세대어학당을 다니는 두 명의 미국 학생들을 통해 문화의 흡수력에 대해 많은 생각을 했다.

둘은 한국 음식에 무척 빠져 있었다. 음식을 통해 문화의 경계가 사라지고, 한국어를 배우면서 한국에 대해 이해하기 시작하니, 그들에게 한국은 '전쟁의 위험이 있는 나라'라는 인식 대신 즐거움과 배움이 가득한 나라가 되었다.

그런 한국 사랑이 가득한 미국인들이 찾은 중학교 교실 분위기는 그 자체만으로도 산교육 현장이었다. 본인들보다 한국에 더 큰 관심을 가지는 미국에서 온 대학생들을 만난 중학생들이 어찌 자국에 대한 자부심을 느끼지 않을 수 있겠는가? 국제화 프로그램의 가장 근본은 자국에 대한 이해와 관심 그리고 사랑이다.

외국 친구들을 만나면 항상 묻는 질문이 있다.

"한국은 어떤 나라니?"

"한국 문화에 대해 알려 줄 수 있니?"

국제화 프로그램은 항상 자국에 대한 이해가 선행된다. 국제화 메가 게임 ALLIANCE를 하다 보면, 꼭 한국을 맡아서 하고 싶다는 아이들이 있다. 자원을 많이 가진 러시아, 중국, 미국을 하면 더 쉽게 게임을 진행할 수 있는데 꼭 한국을 하고 싶다는 것이다. 그럴 때마다 국제화 교육에 대해 늘 다시 생각하게 된다.

글로벌 이슈에 집중하고, 국제 사회를 이해하기에 앞서 기본은 나를 알고, 내가 사는 나라를 이해하는 게 필수라는 것을 말이다. 상대만 알아서는 힘이 없다. 먼저 내가 태어나고 자란 나라에 대해 알고 국제 사회를 알아갈 때, 올바른 세계 시민으로 성장하게 될 것이다.

세계적인 휴먼북 마인드

{ 국제 사회에 대한 포용력 }

저출산에서 비롯된 급격한 학령 인구 감소로 인해 다가오는 2025년에는 유치원 삼천여 곳, 초등학교 천여 곳, 고등학교 삼백여 곳, 대학교 오륙십여 곳이 문을 닫게 될지도 모른다는 전망이 나왔다.

이런 전망이 아니더라도 교육 현장에 가 보면 줄어드는 학생 수를 실감하게 된다. 이렇게 줄어드는 학생 수에 비해 늘어나고 있는 학생들이 있다. 바로 다문화 학생인데, 2019년 십이만 명을 육박하고 있다. 학교 뿐 아니라 사회 곳곳에서 다양한 민족들이 공존하는 다문화 사회로 빠르게 변화되고 있다.

외국에서 거주하거나 여행을 하다 인종 차별을 겪은 이야기를 종종 듣게 된다. 국내에서 우리의 모습은 어떠한가? 차별 없이 모든 외국인들을 대하고 있는가? 우리는 한민족이라는 자긍심이 커서 똘똘 뭉치는 장점도 있지만, 상대적으로 배타적인 모습을 보일 때도 많다.

학업 성취에 집중된 교육 현실 속에서 다양성에 대한 배움의 기회가 정말 부족하다. 우리 교육은 여러 개의 해답들이 아닌 '단 하나의 정답'만을 요구하는 경우가 많다. 물론 하나의 정답만을 필요로 하는 문제들도 있다. 하지만 우리가 사는 세상에 어찌 답이 하나만 존재하는 일들만 있겠는가?

또한 나와 다른 경험을 가진 사람들의 의견도 존중하고 귀 기울일 줄 아는 포용력과 배려가 중요하다. 내가 아는 것, 내가 내린 답만이 정답이라는 편협한 시각으로는 변화된 사회에서 올바른 인재로 활동하기 어렵다.

'내가 존중 받고 싶으면 상대를 먼저 존중하라.' 나와 다른 것이 잘못된 것이 아님을 정확히 인식해야 한다. 한국 사회도 다른 나라들처럼 계속해서 다른 인종, 문화, 종교들과의 접촉이 늘어나고 있다. 문화적 포용성과 상호 존중을 통한 이해 없이 공존하기는 힘들다. 이는 교육을 통해서 충분히 변화 가능한 일들이다.

다름을 인정하고 존중하는 마음을 길러주는 교육을 해야 한다. 상대에 대해 '모르면' 오해하기 쉽다. '알게 되면' 이해하게 된다. 학교에서 '세계 시민 교육'이 필요한 이유다.

개인별로 차이는 있지만, 이전에 비해 다른 나라로 여행을 가거나 유학을 가는 경우가 많아졌다. 문화 개방과 정보통신망의 발달로 한국 문화만 누리는 시대는 지났다. 청소년들 또한 다른 나라 사람들과 그들의 문화에 대한 호기심이 많아졌다. 청소년 시기에 세계의 다양한 문화에 대해 이해할 수 있는 기회가 더욱 필요해진 것이다.

미국과 중국의 무역 분쟁을 통해 한국 기업들의 어려움이 곳곳에서 나타난다. 한 통신업체는 두 나라 무역 분쟁으로 인한 화웨이 사태로 인해 기존에 깔려 있던 화웨이 4G장비를 다른 업체 5G장비로 대체해야 할 경우 엄청난 경제적 손질을 가져오게 될 거라고 한다. 연결된 국제 사회를 이해하지 못하면, 국제 정세에 따라 변화되는 이런 경제 상황을 이해할 수 없다. 자기 나라만 알고서는 국제 사회에서 공존하며 상호 발전할 수 없다.

{ 글로벌 감각 갖추기 }

학교에서 진행되는 자유학기제 주제 선택 프로그램을 살펴보면 부족함이 보인다. 요즘 학생들의 국제적 관심사와 흥미를 해결하기 위해서는 좀 더 다양한 프로그램들이 있어야 한다. 교육 현장에서 글로벌 마인드를 배울 기회가 더욱 많이 필요하다.

하지만 현실은 글로벌 감각을 가르치기에는 쉽지 않아 보인다. 영어는 입시 위주로 흘러가고, 영자 신문, 영화를 통한 교육은 특별함이 없다. 외국인들과 접촉할 기회도 그리 많이 제공되지 않는다. 이런 교육에서 벗어나 변화하는 세계적 흐름에 대해 인식할 수 있도록 가르쳐주어야 한다.

먼저 세계화, 세계 시민에 대한 이해가 필요하다. 하나의 세계로 연결된 시대를 살며 우리가 어떤 책임과 의식을 가져야 할지를 배워야 한다. 현재 전 지구적으로 직면한 문제들에 대해서도 관심을 가져야 한다. 환경오염, 에너지 고갈, 기후 변화 등 환경과 에너지에 대한 문제는 몇몇 국가들만의 문제가 아니라는 것을 인식시켜 주어야 한다. 빠르게 진행되는 다문화 사회에 대해서도 현실적 접근과 이해가 필요하다.

경제 문제는 세계가 가장 크게 연결된 부분 중 하나다. 테러, 전쟁, 난민 문제도 세계가 함께 고민하고 풀어가야 한다. 이를 위해 국제기구의 역할에 대해서도 이해해야 한다. 우리 모두는 대한민국 국민이자 세계 시민 중 한 명이다. 물론 당장 우리나라 문제에도 관심이 없는데 세계 문제에 대한 관심을 갖도록 하는 일이 쉽지는 않다.

자국 이익이 우선되는 국제 사회 현실 속에서 세계가 공존하고 협력한다는 것 또한 어렵다. 하지만 조금만 더 생각해 보면 분명 우리가 직면한 다양한 문제들은 하나의 국가에서 풀기에는 불가능한 일들이다. 내 집 주변만 스프링클러를 설치한다고 해서 피하기에는 전 지구적 문제라는 '산불'은 너무도 크게 타올랐다.

조금 더 시야를 넓힐 필요가 있다. 전 인류적 문제에 대한 이해와 공감과 더불어 생각의 변화가 일어날 것이고 다양한 참여와 활동이 전개될 것이다. 이때 우리는 복잡 다양한 세계 문제를 바라보고 분석할 수 있는 통합적 이해와 사고 능력을 가져야 한다. 모두가 하나의 운명 공동체라는 인식과 공감, 책임감이 공유되어야 한다. 그리고 실천해야 한다.

{ 세계인의 리더를 위하여 }

정보 통신 기술 발달에 힘입어 다양한 네트워크로 연결된 세계를 살고 있기에, 한 명의 작은 실천이 세계를 자극하는 일들도 종종 보게 된다. '비닐봉지 없는 세상'을 만든 발리의 10대 소녀 이야기가 좋은 예다. 이 일로 언니인 멜라티 위즌과 동생 이사벨 위즌은 언론의 뜨거운 관심을 받았다. 멜라티 위즌이 열두 살 되었을 무렵, 넬슨 만델라와 마틴 루터 킹, 마하트마 간디 이야기를 듣고 세상을 바꾸는 사람이 되겠다고 결심했다. 먼저 관심을 가지게 된 일은 자신이 태어난 인도네시아 발리의 플라스틱 문제였다.

그녀는 세상을 바꾸겠다는 꿈만 꾸지 않고 동생과 함께 구체적 실천 계획을 짜고 행동에 옮겼다. 그들은 비닐봉지 문제 해결을 위해 'Bye

Bye Plastic Bags'의 앞 글자를 따서 'BBPB'라는 단체를 설립했다. 비닐 봉지 사용을 금지하기 위해 정치가를 만나고, 서명 운동을 했다. 그 결과 2014년 발리의 한 마을이 '비닐봉지를 사용하지 않는 시범 마을'로 선정되기에 이른다.

그녀는 계속해서 강연을 통해 문제를 알렸고, 교육 자료를 만들어 캠페인을 벌였다. 이후 정부도 플라스틱 정책을 수정하게 되었다. 사람들의 인식도 많이 바뀌었다. 발리는 조금씩 변화했다. 열두 살의 어린 나이에도 세상을 바꾸기 위해 팔을 걷어붙인 그녀가 모범이 되는 것은 '직접 행동하고 실천했다'는 사실이다. 그녀는 앞으로 인도네시아와 전 세계 환경 문제 해결을 위해 노력하고 싶다고 한다.

처음부터 세계 시민으로 환경 문제를 해결하는 환경 운동가로서 영웅이 되겠다는 각오에서 시작한 것은 아니었다. '아름다운 집을 감싸고 있는 비닐봉지 사용을 멈추고 싶다'는 순수한 마음에서 시작한 작은 실천들이 모여져 큰 결과를 가져온 것이다. 세계 시민은 어려운 일이 아니다. 먼저는 내 주변에 대한 관심으로 시작해서 그것이 하나씩 발전해 나가면 된다.

세계 각국은 자국 학생들을 세계 시민으로 성장시키기 위해 다양한 노력들을 하고 있다. 미국은 문화적 감수성을 중요하게 다루면서 다른 문화에 대한 이해와 배려를 가르친다. 프랑스는 '세계 문화의 집'이라는 체험 교육을 통해 각국 문화가 다름을 알려 주고 서로 존중하는 법을 가르친다. 싱가포르는 다문화, 다 인종, 다 종교, 다 언어 등 다양성 내의 통일성을 교육의 기본 원리로 추구한다. 스웨덴은 이민자 교육 프로그램을 운영하고 세계 문제에 대한 폭넓은 공감대를 형성하려 노력한다.

이제 우리 차례다. 세계에 대한 관심을 가지도록 재밌는 교육과 활동의 기회를 열어 주자. 세계의 리더가 되어 살아갈 우리 아이들에게.

{ 세계 시민 교과서와의 접점 }

'서당 개 삼 년이면 풍월을 읊는다'라는 말이 실감난다. 교육을 전공하고, 학교에서 아이들을 가르치는 일을 직업으로 삼지 않았지만, 몇 년째 학교 진로 활동을 운영하다 보니 이제는 아이들의 얼굴과 행동에서 그들의 마음이 조금이나마 느껴진다. 지금 하는 수업이 재미가 있는지, 선생님이 자기와 코드가 잘 맞는지, 어떤 부분에 관심이 있는지가 이제는 조금씩 보인다.

진로 수업 현장에서 뭐라도 내가 도울 일이 없을까 생각하다 시작하게 된 휴먼 라이브러리 캠퍼스 활동. 좀 더 연속적인 진로 활동을 생각하며 진행한 휴먼북 교육 여행. 외국인 휴먼북 강연에 왔었던 미국 친구를 통해 소개 받아 내가 먼저 꽂혀 버렸던 글로벌 메가 게임

ALLIANCE. 휴먼북 교육 여행을 진행하며 소개 받은 단체였던 국제 교환 학생 프로그램을 진행하는 YFU와 거기에 참여했던 학생들.

각각의 활동에서 충분한 성과와 가능성을 보았던 프로그램들이다. 늘 구상하던 일을 생각에 옮길 때가 됐다고 생각했다. 진로 교육에서 늘 중요하게 생각했던 '지속성'과 '연속성'을 실현할 수 있는 프로그램을 만들고 싶었다. 한 번씩 가서 진행하던 일회성 수업을 자유학기제 수업에 맞춰 1학기 16주차 프로그램으로 묶어 보는 것이었다. 한 학기라는 기간이면 아이들과 충분히 소통하기에 알맞을 것 같았다. 단품만 팔다가 이제는 세트 메뉴를 출시해야 할 때를 맞이한 것이었다.

먼저 각각의 프로그램을 묶어줄 하나의 테마가 필요했다. 하고자 하는 방향에 대해 생각할수록 '글로벌 인재 양성'이라는 코드가 자꾸 맴돌았다. 거기에 휴먼북 개념을 적용하고 싶었다. '글로벌 휴먼북 양성 프로젝트', '한 명의 세계적인 베스트셀러 휴먼북 양성' 등 몇 가지 콘셉트가 떠올랐다.

이왕이면 전체 교육 커리큘럼이 하나의 맥으로 이어지게 만들고 싶었다. '한 명의 글로벌 휴먼북이 될 수 있도록 교육하자'는 콘셉트로 하나하나의 교육들을 꿰어 보며 스토리텔링 교육, 책 쓰기 교육, 세계 시민 교육을 적용해 보았다. 스토리텔링 교육은 국내외 휴먼북 멘토들의 스토리를 통해 배우고, 자신의 스토리를 찾는 휴먼 라이브러리 캠퍼스가 배경이 되었다.

세계 시민 교육은 전 지구적인 문제 해결, 세계 평화, 국제 관계 이해 등을 배울 수 있는 국제화 메가 게임 ALLIANCE와 매칭시켰다.

최종으로 자신의 스토리를 쓰며 한 권의 휴먼북이 되어보자는 콘셉트는 책 쓰기 교육을 기본으로 잡았다. 하나씩 이어 보니 좋은 연결이었다.

이를 뒷받침하는 교육 정책은 없는지 찾아보다 한 번 크게 놀랐다. 그동안 해 왔던 교육을 정리하고 융합했을 뿐인데, 지금의 교육청이 중시하는 교육 과정과 교육 정책에 딱 맞는 부분들이 있어 참으로 신기했다. 교육 정책 자료를 찾다가 서울시교육청 보도 자료를 보았는데 내용이 이번 프로그램에 너무 잘 맞았다.

'책 속으로 삶 속으로 한 걸음 더! 책이랑 놀고, 책을 쓰고, 사람책으로 함께 성장합니다!'

〈독서, 인문 교육과정 체계화 사업〉의 일환으로 초·중·고에 각각 특색 있게 진행하고자 하는 교육 정책이었다. 초등학교는 '책과 노니는 교실', 중학교는 '우리들의 첫 책 쓰기', 고등학교는 '사람책으로 성장하는 인문학'으로 구성되어 있었다.

그동안의 활동이 교육 정책 방향과 잘 맞으니 준비에 탄력이 붙었다. 정치 외교학을 공부했기에 평소에도 정책 관련해서 관심이 많았고, 교육 관련 일을 하면서 교육 정책 쪽에 더욱 관심을 두었던 터였다. 그래서 관심 가지고 집중했던 교육 정책이 자유학기제와 자유학년제였다.

서울시교육청의 독서, 인문 교육과정 체계화 사업의 일환. 초·중·고에 각각 특색 있게 진행하고자 하는 교육 정책이었다.

휴먼 라이브러리와의 인연으로 사람책 활동을 해 왔고, 기록을 남기고 자 책 쓰기 교육을 진행했는데 잘 맞아 떨어지니 보람이 컸다. 여기에 세계 시민 교육이 어떻게 적용될지 궁금했다.

　계속해서 자료를 찾다 보니, 경기도교육청이 2019학년부터 '교육 공 동체가 학교 시민으로 성장하는 행복한 학교' 실현을 목표로 개발한 시 민 교과서가 있었다. 『더불어 사는 민주 시민』, 『평화시대를 여는 통일 시민』, 『지구촌과 함께하는 세계 시민』 등 총 열 권으로 구성되어 있었다. 당연히 『지구촌과 함께하는 세계 시민』이 눈에 띄었다. 세계 시민의 의미와 자세, 지속 가능한 세계, 문화 다양성의 가치, 빈곤과 불평등, 세계 평화, 안보로 구성되어 있다.

이는 국제화 메가 게임 ALLIANCE를 적용하기에 딱 맞아떨어졌다. ALLIANCE가 다양한 내용을 담고 있어, 교육용 자료로 무척 좋은데 이를 수업과 연계하여 어떻게 풀어낼지 계속 고민했었다. 세계 시민 교과서가 나의 고민을 말끔히 해결해 주었다. 프로그램마다 추구하는 교육 방향이 명확히 세워지고, 전체 맥락이 이어지니 하나씩 구색을 갖춰가기 시작했다.

세부 수업 내용을 짜면서 학생들의 흥미, 관심사에 맞는 체계적이고 심층적인 수요자 중심의 프로그램을 운영하고자 하는 자유학기제의 주제 선택 프로그램을 더욱 깊이 보게 되었다. 학교에서 채워 주지 못하는 자원들과 여건들을 이번 프로그램을 통해 채워 줄 수 있겠다 싶었다.

{ 세계 속의 나, 쓰는 대로 이루어진다 }

'글로벌 휴먼북 양성 프로젝트'는 말 그대로 세계 시민의 가치를 가지고 전 지구적인 문제를 인식하고 함께 풀어나갈 인재. 다양한 문화와 정세를 알고, 세계와 소통하며 경쟁할 수 있는 국제 감각을 갖춘 휴먼북을 길러보자는 활동이다.

첫 도입 수업을 무엇으로 하면 좋을지 고민했다. 처음부터 외국인이 와서 강연하는 것도 흥미를 주기에는 좋겠지만, 현실적으로 자신과 비슷한 상황을 먼저 지낸 선배들의 이야기를 택했다. 그래서 휴먼 라이브러리 컴퍼스를 끌어와서, 고등학교 시절 YFU 프로그램에 참여한 경험이 있는 대학생들을 휴먼북으로 선정했다.

그들은 1년 간 외국으로 고등학교 교환학생을 다녀온 이후에도 계속해서 세계적인 가치와 목표를 가지고 활동하고 있었다. 따라서 또래 멘토 입장에서 '글로벌 마인드 특강'을 전하기 좋았다. 글로벌 도전기를 통해 충분히 아이들을 자극할 수 있을 거라는 생각이 들었다.

그들의 이야기를 듣고 각자 잠재되어 있는 자신만의 글로벌한 목표를 중심으로 자신들의 스토리를 써 보게 하는 것을 2차시 활동으로 기획했다. 1차시 때 받은 자극을 토대로 글로벌 리더를 향해 보다 큰 꿈을 꾸게 하고 자신의 비전을 기록하게 하기 위함이었다.

3차시부터는 본격적으로 글로벌 교육을 배치했다. 세계 시민에 대한 인식과 전 지구적 문제에 대한 이해를 돕기 위해 아이들이 좋아하는 마블 스튜디오 영화를 활용했다. 일개 국가를 위함이 아닌 전 지구적인 문제를 해결하는 영화 속 영웅들의 이야기를 통해 현재 당면한 환경 오염, 경제 불평등, 난민, 테러 등에 대해 인식시키고자 하였다.

『중학교 세계 시민』 교과서 단원 구성 및 성취 기준

단원	영역	성취 기준
I. 세계 시민의 이해	세계 시민의 의미와 자세	• 세계 시민의 의미를 이해하고, 세계 시민의 태도와 자세를 가지기 위해 노력한다. • 지구촌 문제와 나의 연관성을 이해하고, 더불어 살아가는 삶을 실천하기 위해서 노력한다.
II. 환경과 지속 가능한 삶	지속 가능한 세계	• 기후 변화에 대응할 수 있는 다양한 방안을 모색하고 실천한다. • 국경을 초월하는 환경 문제를 해결하기 위한 국제 사회의 협력 방안을 제시한다. • 미래의 에너지 자원이 갖추어야 할 요인들을 생각해 보고, 일상생활에서 환경 친화적인 삶을 실천하기 위해서 노력한다.
III. 문화의 다양성	문화 다양성의 가치	• 세계화로 인한 문화의 획일화를 극복하기 위한 다양한 방안을 모색하고 실천한다. • 문화 갈등을 극복하기 위한 다양한 방안을 모색하고 실천한다. • 다문화 사회로 변화하고 있는 우리나라를 이해하고 그 구성원으로서 바람직한 자세를 익힌다.
IV. 빈곤과 불평등	빈곤과 불평등	• 빈곤과 경제적 불평등의 원인을 살펴보고 해결 방안을 모색한다. • 세계화 현상을 이해하고 공정한 자본주의의 실천 방안을 통해 문제점을 해결한다.
V. 전쟁, 난민 그리고 평화	적극적 평화	• 전쟁의 심각성을 이해하고, 적극적 평화의 정착 방안을 모색하여 실천한다. • 전쟁, 내전 등으로 고통 받는 난민들의 삶을 알아보고, 난민 문제를 해결하기 위한 구체적 방법을 모색한다.
VI. 인간 안보	인간 안보의 의미	• 국가 안보와 대비하여 인간 안보의 중요성이 대두되는 이유를 설명한다. • 자신의 삶에서 인간 안보와 관련된 해결 과제를 제시한다. 인간 안보 중 식량 안보와 관련하여 해결해야 할 과제를 제시한다.
VII. 세계 질서	지속 가능한 세계	• 국제 사회에서 국제법, 국제기구의 필요성을 이해하고, 우리의 생활 및 국제 사회에 미치는 영향을 평가한다. • 지구촌 현안 문제들에 대한 이해와 대안 모색 등 사려 깊게 행동하는 세계 시민의 삶을 실천하기 위해서 노력한다.

경기도교육청이 2019학년부터 '교육 공동체가 학교 시민으로 성장하는 행복한 학교' 실현을 목표로 개발한 시민 교과서. 『더불어 사는 민주시민』 『평화시대를 여는 통일 시민』 『지구촌과 함께하는 세계 시민』 등 총 열 권으로 구성되어 있으며, 『지구촌과 함께하는 세계 시민』이 눈에 띄었다.

또한 미국 중심적 세계관이 아닌 보다 폭넓은 세계관이 필요한 이유에 대해서도 알려주고자 하였다. 그리고 이번 프로젝트의 근간이 되는 국제화 메가 게임 ALLIANCE에 대한 설명과 함께 각 팀별로 게임에서 진행할 나라를 배정해 주고, 각 나라별 역할과 미션 그리고 현재의 국가적 상황에 대해 조사하도록 과제를 준다.

4차시 수업에서는 배정된 나라들에 대해 조사한 내용들을 발표하면서 국제 사회, 국제 관계에 대해 이해한다. 5차시에서 12차시까지 총 8회에 걸쳐 메가 게임을 중심으로 국제 사회에 대한 이해, 세계 시민으로서의 역할 등을 배우게 된다. 상호 협력을 통한 세계 평화, UN 회의, 국방장관 회의, 과학자 컨퍼런스 등을 통해 전 지구적 문제 해결을 위한 구체적인 노력들에 대해서 경험하며 깨닫게 된다. 그리고 현재 우리가 당면한 기후 변화, 무역 분쟁 등에 대한 해법도 어떻게 협상을 통해 상호 협력할지에 대해 배운다. 메가 게임이라는 잘 짜인 도구를 활용함으로써 아이들은 각국의 지도자로서 세계 문제와 자국의 발전 그리고 평화로운 공존에 대해 보다 쉽고 재밌게 배울 수 있다.

13차시에는 메가 게임 ALLIANCE를 하면서 배운 국제 관계에 대해서 발표하고 토론한다. 이 과정을 통해 본인들이 맡아서 진행한 나라에 대한 관심과 이해 그리고 전 세계가 서로 연결되어 상호 공존하고 서로 협력하고 있음을 더욱 이해하게 된다. 각 나라가 추구하는 목표는 다를지라도 결국은 각국의 협력을 통해 더 큰 발전을 하게 됨을 알게 되는 것이다.

14차시는 메가 게임을 통해 생긴 국제 사회에 대한 관심을 가지고 외국인 유학생들의 강연을 듣게 된다. 자신들이 게임에서 역할을 맡았던 나라에 대한 정보를 현지인들을 통해 더욱 실질적으로 배울 수 있다. 다양한 나라에 대해 더욱 많은 호기심을 가지게 될 것으로 기대된다.

마지막 15, 16차시는 한 학기 동안 참여하며 배운 프로그램을 통해 '세계 속의 나'라는 주제로 자신의 이야기를 써 보고 발표하게 된다. 다양한 국가들이 존재하는 넓은 세계를 통해 무얼 배웠는지, 그리고 자신은 세계 속에 어떤 일을 하며 살고 싶은지에 대한 자신의 비전과 미래에 대한 이야기를 쓰게 된다. 또한 현재 지구촌의 다양한 문제에 대해 어떤 참여와 실천을 할 것인지에 관하여도 생각을 표현하게 될 것이다. 그것들을 발표하고 각자가 이루어 갈 미래 모습에 대해 서로 격려하며 모든 프로그램은 마친다.

학교별 상황에 맞추어 학기 말에는 'ALLIANCE DAY'를 특별 프로그램으로 준비하려 한다. 한 학기 동안 충분히 배우고 익힌 메가 게임을 두 세 반씩 묶어서 좀 더 규모 있게 진행하는 이벤트이다. 세트 메뉴가 먹음직스럽게 만들어졌다. 물론 앞으로 더욱 맛있게 만들기 위해 소비자들의 입맛에 맞추어 메뉴는 계속 업그레이드 될 것이다. 누가 이 글로벌한 맛을 보게 될지 기대가 된다.

글쓰기의 힘, 터닝포인트

누구 하나 시키지 않았는데도 어떤 힘에 이끌려 여기까지 왔을까? 그동안의 일들을 정리하고, 앞으로의 방향을 잡기 위해 책을 쓰자는 작은 감동에서 시작한 일을 이제 마무리하게 되었다. 항해 가운데 새로운 희망과 도전을 보았기에, 배는 항구에 닻을 내리자마자 벌써 다음 목적지를 향한 뱃고동을 힘차게 울린다. 첫 책이 출항지가 되어, 다음 목적지는 '세계 시민 교육을 통한 아이들의 성장'에 대한 실질적인 내용이 될 것이다.

이 책에 소개한 〈글로벌 휴먼북 양성 프로젝트〉는 다음 책에서 더욱 완성된 모습으로 소개될 것이다. 그것을 준비하며 다양한 학습과 연구 과정 그리고 수업에서 활용될 교재와 수업 도구들까지 책에 담으려 한다. 또한 학교에서 실제 아이들이 수업을 통해 어떻게 성장하고 변화했는지의 과정도 기록하려 한다. 수업에 적용될 〈국제화 교육 보드 게임 ALLIANCE〉의 적용 사례도 기대하고 있다.

'세계 시민 교육'이라는 힘찬 바람이 나를 더 좋은 방향으로 이끌어주고 있다. 더욱 많은 선생님들과 이를 연구하게 되었고, 다양한 젊은 교육 활동가, 대학생들과 소통하게 되었다. 이를 통해 구성된 〈세계 시민 교육 네트워크〉는 지금은 국내 활동 중심으로 먼저 시행되고 있지만, 앞으로 대만, 일본, 싱가폴, 말레이시아 교사들과 연대하여 국제적인 청소년 NGO로 성장하리라 본다. 이를 통해 함께하는 청소년들은 보다 넓은 세상으로 나가서 배우고, 경험하고 그곳의 청소년들과 교류하며 세계적인 리더로 성장해 나갈 것이다.

 책을 쓰면서 얻게 된 좋은 습관 하나가 있다. 매일매일 공부하고 활동한 내용들을 정리하여 블로그에 올린다. 이렇게 미리 정리하고 기록하면 책 쓰기가 쉽다는 것을 이번에 배웠기에 그리한다.

 있는 힘도 안 쓰면 소용이 없다. 힘은 자꾸 쓰면 쓴 만큼 더 큰 힘이 생긴다. 책 한 권을 쓰면서 스스로에게 '글을 통한 힘'이 조금이나마 생긴 것이 느껴진다. 이제 계속해서 그 힘을 쓰면서 청소년들을 위한 많은 일을 만들어 낼 것이다. 한 권의 책이 마무리되면서 끝이 아니라 새로운 시작이 펼쳐진다는 게 감사하고 행복하다. 끝이 아닌 새로운 시작. 터닝 포인트를 지나 새롭게 출발이다!

저자 탁영민

{ 글로벌 교육 }

박희권, 『글로벌 아이 : 자녀를 글로벌 리더로 키우는 10가지 전략』, EBS미디어, 2016

남상훈, 『글로벌 리더』, 인물과사상사, 2006

정민, 『다산선생 지식경영법』, 김영사, 2006

최하진, 『세븐 파워 교육 : 탄탄한 실력과 내면의 파워를 지닌 글로벌 인재 만들기』, 베가북스, 2014

백형찬, 『글로벌 리더 : 세계무대를 꿈꾸는 젊은이들이 알아야 할 아홉 가지 원칙』, 살림, 2014

손기화, 『이어령의 교과서 넘나들기 13 국제관계편 - 지구촌 시대를 살아가는 지혜』, 살림, 2012

강인영 외 7명, 『글로벌 엘리트는 어떻게 키우는가』, 한언, 2017

{ 스토리텔링 }

조정래, 『스토리텔링 교육의 모든 것』, 행복한미래, 2016

김정태, 『스토리가 스펙을 이긴다』, 갤리온, 2010

조정래, 『스토리텔링 멘토링 : 교사와 학부모를 위한 스토리텔링 교수법』, 행복한미래, 2013

{ 뇌 }

프랜시스 젠슨, 에이미 엘리스, 『10대의 뇌』, 웅진지식하우스, 2019

하워드 가드너, 『다중지능』, 웅진지식하우스, 2009

S. 페인스타인, 『청소년기의 뇌 이야기』, 지식의 날개, 2008

{ 교육 }

서우철 외 2명, 『수업을 살리는 교육과정』, 맘에드림, 2013

책으로따뜻한세상만드는교사들, 『책따세와 함께하는 책쓰기 교육』, 문학과지성사, 2018

폴 김, 『교육의 미래, 티칭이 아니라 코칭이다』, 세종서적, 2017

이덕주 외 5명, 『도서관에서 보드게임을!』, 경기도사이버도서관, 2017

김경원 외 3명, 『리얼!! 프로젝트 학습』, 상상채널, 2012

박정희, 은효경, 『보드게임, 교육과 만나다』, 애플북스, 2018

허용진 외 8인, 『교육용 보드게임 사용 설명서』, 좋은땅, 2018

EBS<공부의 왕도>제작팀, 『EBS 공부의 왕도』, 예담, 2010

제니퍼 폭스, 『아이의 10년 후를 결정하는 강점 혁명』, 미래인, 2008

김진수, 『STEAM 교육론』, 양서원, 2012

하토야마 레히토 , 『하버드 비즈니스 독서법 : 세계 최고 엘리트들은 어떻게 책을 읽을까?』, 가나출판사, 2018

너의 꿈을 들려 줘!

{ 진로 }

김수정 외 11인 공저, 『책과 함께하는 행복한 진로 : 독서를 통한 진로 교육과 상담』 한스컨텐츠, 2018

전국학교도서관담당교사 경남모임, 『꿈에 날개를 달아 주는 진로독서』 대원사, 2015

이주연, 『우리 아이 진로 공부 : 10년 후 아이와 부모가 행복해지는 진로를 디자인하라』 황소북스, 2018

하영목, 『10대의 꿈을 실현해주는 진로 코칭』 북하우스, 2005

임경묵, 『꿈을 디자인하라』 꿈결, 2015

김성효, 『행복한 진로교육 멘토링』 행복한미래, 2014

삼성생명공익재단 사회정신건강연구소, 『내 꿈은 내가 만든다』 교육과학사, 2006

고봉익, 윤정은, 『내 꿈을 현실로 만드는 진로 로드맵』 웅진윙스, 2014

{ 자유학기제 }

이혜숙, 『서울지역 자유학기제 운영실태와 활성화방안』 서울연구원, 2016

임지연, 『자유학기제를 통한 청소년활동 활성화 방안 연구』 한국청소년정책연구원, 2014

김승보, 『자유학기제 연계 진로체험활동 연구』 한국직업능력개발원, 2016

주휘정, 『자유학기제 진로체험의 효과 분석과 발전 방안』 한국직업능력개발원, 2017

신재한, 이윤성, 『자유학기제 운영 길라잡이』 교육과학사, 2017

김민정, 『현장교사를 위한 자유학기제 및 자유학년제 수업 모형 가이드 북』 학지사, 2017

서울교육방송, 『중 1 자유학년제 1500개교』 미디어북, 2017

양소영, 『꿈의 수업 자유학기제, 아일랜드에서 찾다』 미디어숲, 2014

자유학기제 연구학교 교사모임, 『꿈과 끼를 키우는 자유학기제』 라임, 2014

자유학기제 연구학교 교사모임 , 『달라진 수업, 행복한 학교』 라임, 2015

김민정 외 공저, 『현장교사를 위한 자유학기제 및 자유학년제 수업 모형 가이드북』 학지사, 2017

{ 여행 }

레베카 그린, 『학교 밖으로 떠나라』 세용, 2008

토니 휠러, 모린 휠러, 『론리 플래닛 스토리』 컬처그라퍼, 2011

구경래, 『안전하고 즐거운 현장체험학습 길라잡이』 아인출판, 2015

김현아, 『여행학교 : 로드스꼴라 이야기』 뜨인돌, 2017

최효찬, 『최효찬의 아들을 위한 성장여행』 글담, 2013

김준성, 『청소년 직업여행으로 인생을 배운다』 신아사, 2008

{ 기록 }

이왕진, 『거의 모든 것의 기록』 마음세상, 2019

헨리에트 앤 클라우저, 『종이 위의 기적, 쓰면 이루어진다』 한언, 2016

신정철, 『메모 습관의 힘』 토네이도, 2015

{ 세계 시민 교육 }

유네스코 아시아태평양 국제이해교육원 연구개발실, 『세계시민교육 학교 만들기 가이드』 유네스코 아시아태평양 국제이해교육원, 2018

김광호, 『2018년도 SDG4-교육2030 협의체 운영보고서』 유네스코한국위원회, 2019

김광호, 『한국교육과 SDG4-교육2030』 유네스코한국위원회, 2019

조대훈, 『세계시민교육 국내 이행현황 연구보고서』 유네스코 아시아태평양 국제이해교육원, 2018

유네스코 아시아태평양 국제이해교육원 연구개발실, 『유네스코가 권장하는 세계시민교육 교수학습 길라잡이』 유네스코 아시아태평양 국제이해교육원, 2015

유네스코 아시아태평양 국제이해교육원 연구개발실, 『SDG 4.7 세계시민교육 지표수립을 위한 기초연구』 유네스코 아시아태평양 국제이해교육원, 2018

한경구 외 3인, 『SDGs 시대의 세계시민교육 추진 방안』 유네스코 아시아태평양 국제이해교육원, 2015

유네스코 아시아태평양 국제이해교육원 연구개발실, 『새로운 교육과정에 담은 세계시민교육』 유네스코 아시아태평양 국제이해교육원, 2017

{ 논문 }

양시모, 『노원휴먼라이브러리 운영 현황과 향후 과제』 국회도서관, 2013

윤성혜, 『대학생용 세계시민의식 척도 개발』 이화여자대학교 대학원, 2017

{ 기타 }

희망제작소 교육센터, 『휴먼라이브러리 운영자를 위한 안내서』 2014

김수정, 『나는 런던에서 사람 책을 읽는다』 달, 2009

김춘경, 『상담학 사전 세트』 학지사, 2016

월트 디즈니, 『꿈을 이루어주는 월트 디즈니 메시지』 북타임, 2010

존 크럼볼츠, 앨 레빈, 『굿럭』 새움, 2012

김수영, 『멈추지 마, 다시 꿈부터 써봐』 꿈꾸는지구, 2019